천재가 되는 비밀

공부의 기술

국립중앙도서관 출판예정도서목록(CIP)

```
공부의 기술 : 천재가 되는 비밀 / 지은이: 김정언. -- 대전
  : 지혜, 2016
    p. ;   cm. -- (지혜학술총서 ; 003)

권말부록: 암시(suggestion) 등
참고문헌 수록
ISBN 979-11-5728-192-3 94180 : ₩30000
ISBN 979-11-5728-190-9 (세트) 94180

학습법[學習法]
잠재 의식[潛在意識]

370.18-KDC6
370.1523-DDC23                          CIP2016014973
```

천재가 되는 비밀

공부의 기술
-당신도 천재가 될 수 있다-

불세출의 "공부의 기술"을 배우고자 하는 학생들의 길잡이

"공부의 기술"을 배운 학생은 이제 전과 달리 천재를 부러워하지 않아도 된다. 이 책을 공부한 학생은 공부를 하는 기술을 가지게 될 것이기 때문이다.

불세출의 공부하는 방법인 "Learning Mind Control"은 극히 제한된 사람들이 하는 초능력이 아니라, 자신의 잠재의식을 스스로 컨트롤할 수 있는 공부를 하는 기술로서 학습속도의 배가, 기억력의 향상, 집중력의 강화는 물론 선명한 기억법을 사용하여 고공 학습을 할 수 있게 해주어 자신의 능력을 몇 배로 발휘할 수가 있게 된다.

또한 결코 잠들지 않는 잠재의식에 의한 시간의 왜곡현상을 이용하는 "공부의 기술"은 여러분이 원하는 만큼의 공부 시간을 제공해 줄 것이다. 이는 24시간이라는 제한된 시간 속에서 무한경쟁을 해야 했던 학생들에게 아주 만족스런 비장의 학습기술이 될 것이다.

들어가는 말

수많은 세대들의 생활사를 통하여 전수되어온 "learning mind control"은 극히 제한된 사람들의 초능력으로만 여겨져서 아주 드물게 일어나는 결코 설명할 수 없는 현상으로만 생각하였다.

그러나 이는 의식의 특별한 상태로서, 이를 "trance", "waking dream", "ecstasy"라든가 "supra-normal feeling" 등으로 달리 부르기도 한다.

Strasbourg대학의 hypnosis 강좌를 열심히 들었던 사람들 중에는 Goethe, Metternich 와 Chopin 등이 있었으며, Mozart도 러닝 마인드컨트롤에 의하여 이완하고 멜로디와 오케스트라의 연주소리를 들으며 그는 악보를 써내려가기만 하면 되었다. 실제로 그러한 음악적 환상은 러닝 마인드컨트롤에 의해서 쉽게 유발시킬 수가 있다.

"Clinical and experimental hypnosis"의 저자인 Kroger에 따르면, 수 년 동안 악보를 쓰지 못했던 사람이 후최면 암시에 따라 유명한 콘서트를 완성할 수 있었다.

이처럼 러닝 마인드컨트롤은 몇몇 성공한 위인들의 비밀스런 배후로 여겨져 왔고, 위대한 많은 발명가들에 의하여 사용된 창조력의 원천을 이루게 하였다.

Henry Ford, Napoleon Hill 등 역사적으로 증명되는 수많은 위인들, 예술가들, 작가들, 미술가들 그리고 발명가들은 자신의 능력을 끌어올리기 위하여 러닝 마인드컨트롤을 사용하였다.

　여러분들도 러닝 마인드컨트롤에 의하여 자신의 잠재의식을 훈련함으로서 앞의 위인들과 같은 능력을 기를 수가 있다.

　저자는 "공부의 기술"에서 러닝 마인드컨트롤을 "보통 사람"을 "보통 이상의 사람"으로 변화시키는 도구로 사용할 것이다.

　"공부의 기술"을 익힘으로서 공부에 열심인 학생들과 창조적인 일에 몰두하는 사람들, 예술가들 또는 특정의 전문가들에게 불세출의 학습 기술을 습득케 하여 자신을 천재적인 재능인으로 변모시켜 세상의 많은 사람들에게 행복한 삶을 안겨주는 최고의 인간으로 자라도록 도울 것이다.

2016년 5월 15일 저자

차 례

1. 학습하는 방법의 학습 … 13

1) 러닝 마인드컨트롤 … 14
2) 초심자를 위한 러닝 마인드컨트롤 … 21
3) 창조력을 샘솟게 해주는 러닝 마인드컨트롤 … 22

2. 모든 학습 활동, 뇌가 한다 … 23

1) 감각기의 역할 … 24
2) 일반의식과 잠재의식 … 27

3. 학습활동의 원천, 잠재의식의 이해 … 31

1) 잠재의식의 기능 … 32
2) 컴퓨터와 비슷한 잠재의식 … 33
3) 인체의 모든 기관을 조절 통제한다 … 34
4) 기억의 작용 … 35
5) 잠재의식의 생각과 논리 … 38

4 잠재의식의 활성화, 최면의 유도기술 … 41

1) 최면의 유도 원리 … 42
2) 깊은 최면 속으로의 유도방법 … 44

5 관념운동에 의한 잠재의식과의 교신 기술 … 51

1) 진자 응답 방법 … 53
2) 손가락 응답 방법 … 57
3) 잠재의식의 정보는 정확한가? … 60

6 브레인컨트롤 … 63

1) 브레인컨트롤의 과학 … 64
2) 깊은 최면을 유도하는 기술- 6단계 … 73

7 마인드컨트롤 제1단계의 실제 … 75

1) 마인드컨트롤 제1단계의 암시법 … 76
2) 얼굴이 붉어지는 공포와 말더듬에 효과가 있다 … 80
3) 공부하는 학생들에게 근성을 길러준다 … 83
4) 불면증에 특효하다 … 84

8
마인드컨트롤 제2단계의 실제 … 87

1) 마인드컨트롤 제2단계의 암시법 … 88
2) 자신감의 회복에 효과가 있다 … 93
3) 필기경련, 손 떨림을 치유한다 … 96
4) 피부를 윤기 있게 해준다 … 97
5) 혈액 순환 장애에 효과가 있다 … 98

9
마인드컨트롤 3단계의 실제 … 99

1) 마인드컨트롤 제3단계의 암시법 … 100
2) 화내는 버릇에 효과가 있다 … 108
3) 강한 인내력과 냉정함을 유지한다 … 110

10
마인드컨트롤 4단계의 실제 … 111

1) 마인드컨트롤 제4단계의 암시법 … 112
2) 마약, 담배와 술을 끊을 수 있다 … 118
3) 교통 체증을 이겨낸다 … 121
4) 식욕을 없애는 스트레스를 제거한다 … 122

11 마인드컨트롤 5단계의 실제 … 123

1) 마인드컨트롤 5단계의 암시법 … 124
2) 소화불량(Indigestion) 치료의 암시 요령 … 128
3) 위궤양(Gastric ulcer) 치료의 암시 요령 … 129
4) 신경성대장염(Diarrhea) 치료의 암시 요령 … 130
5) 구토(Vomiting) 치료의 암시 요령 … 131
6) 변비(Constipation) 치료의 암시 요령 … 132

12 마인드컨트롤 6단계의 실제 … 135

1) 마인드컨트롤 제6단계의 암시법 … 136
2) 깊은 최면 속으로 유도하는 기술 … 142
3) 각성의 기술 … 144

13 최면의 역사와 최면상태의 특성 … 147

1) 최면의 의미와 역사 … 148
2) 최면 상태의 특성 … 151

14 즉시 깊은 최면으로 유도하는 기술 … 155

1) 깊은 최면의 유도 원리와 요령 … 156
2) 즉시 깊은 최면으로 유도하는 응시(凝視)의 기술들 … 165

15 후최면 암시의 기술 … 169

1) 후최면 암시 … 170
2) 후최면 암시의 기술 … 172
3) 실마리 언어를 만드는 기술 … 176

16 기억의 원리와 기억력의 향상 기술 … 179

1) 학습의 도구 … 180
2) 기억(memory)의 원리와 이해 … 181
3) 기억력 강화를 위한 암시의 기술 … 185

17 집중력의 강화와 속독력의 향상 기술 … 189

1) 집중력의 강화를 위한 암시의 기술 … 191
2) 빠르게 읽기를 위한 암시의 기술 … 194

18 학습 장애의 제거와 목표의 달성 기술 … 201

1) 학습 장애를 제거하는 암시 기술 … 202
2) 목표의 달성을 위한 암시의 기술 … 208

19 학습을 위한 러닝 마인드컨트롤 기술 … 213

1) 학습하는 방법을 공부하는 비술(祕術) 러닝 마인드컨트롤 … 214
2) 속독력(rapid reading)의 향상을 위한 후최면 암시의 기술 … 216
3) 집중력의 강화(improving concentration)를 위한 후최면 암시의 기술 … 218
4) 후최면 암시를 사용하여 공부하는 기술들 … 222

20 복습을 위한 러닝 마인드컨트롤 기술 … 227

1) 잠재의식에 의한 복습 기술 … 228
2) 자면서 공부하는 기술 … 235

21 선명한 기억, 상상력과 시각화의 기술 … 239

1) 선명한 기억을 위한 심상의 훈련(Mental Imagery Training) … 240
2) 상상력(imagination)의 훈련 … 243
3) 시각화(visualization)의 훈련 … 244
4) 선명한 기억의 훈련 … 246
5) 연습(Exercise)과 훈련(Training) … 249

22 시간의 왜곡현상을 이용하는 기술 … 253

1) 생활 속의 시간의 왜곡현상 … 254
2) 후최면 암시에 의한 시간의 왜곡 … 255
3) 시간의 왜곡현상을 생활에 이용하는 기술 … 257
4) 시간의 왜곡현상을 복습에 이용하는 기술 … 258

23 시험과 면접을 위한 후최면 암시의 기술 … 261

1) 시험장이나 면접장으로 출발하기 직전의 후최면 암시의 요령 … 263
2) 시험장이나 면접장에서 시험/ 면접 직전의 후최면 암시의 요령 … 264

24 부록 … 267

1) 암시(suggestion) … 268
2) 간뇌를 계발하자. … 269
3) 셀프 마인드컨트롤을 생활화하자 … 270
4) 부탁의 말씀 … 272

참고문헌 … 273

천재가 되는 비밀 *공부의 기술* 1

학습하는 방법의 학습

— 공부하는 방법 배우기

1) 러닝 마인드컨트롤

천재가 되는 비법의 핵심은 "학습하는 방법의 학습(learning how to learn)" 즉, 공부하는 방법 배우기에 있다.

많은 학생들이 노력한 만큼의 결과를 얻지 못하고 있다. 노력한 만큼의 성과가 나오지 않으니 때로는 스스로에게 크게 실망감을 갖기도 한다. 왜 노력한 만큼의 성과를 얻기가 힘든 것일까? 이는 공부하는 방법에 문제가 있기 때문이다.

공부한 만큼 좋은 결과를 얻을 수 있는 방법이 있다면 얼마나 좋을까? 하는 것이 모든 학생들의 바람이다. 그리고 이 바람은 결코 꿈이 아니다. 더 나아가 최소한으로 공부하고 원하는 만큼의 결과를 얻을 수 있는 방법이 있다는 것이다. 그것이 바로 "학습하는 방법의 학습" 즉 공부하는 방법을 배우는 것이다. "최소의 노력으로 최대의 효과를 얻는" 경제의 법칙은 공부에도 적용될 수 있다는 말이다.

이 공부 방법이 바로 "러닝 마인드컨트롤"이다. 러닝 마인드컨트롤을 익힘으로써 경제적인 공부의 꿈을 이룰 수가 있다. 천재교육연구소는 본 "공부의 기술"을 통해서 러닝 마인드컨트롤을 "보통사람"을 "보통 이상의 사람"으로 변화시키기 위한 도구로 사용할 것이다. 러닝 마인드컨트롤의 훈련은 공부에 열심인 학생들과 창조적인 일에 몰두하는 사람들, 예술가들, 특정의 전문가들에게 이 특별한 학습 기술을 습득하게 해 재능인으로 변모하게 할 것이다.

러닝 마인드컨트롤은 새로운 것이 전혀 아니다. 과거의 수많은 세대들의 생활사를 통하여 전수되어온 러닝 마인드컨트롤은 극히 제한된 사람들의 초능력으로만 여겨져, 아주 드물게 자연적으로 일어나는 결코 설명할 수 없는 현상으로만 생각하였다. 그러나 controled mind는 의식의 특별한 상태일 뿐으로 이를 "trance", "waking dream", "ecstasy" "supra-normal feeling" 등등으로 달리 부르기도 한다.

위대한 천재 시인 Tennyson는 언제나 조용한 숲속에서 자기의 이름을 스스로 반복적으로 부르기만 하면, 갑

자기 의식의 새로운 상태로 들어가서 시의 단어 뿐만 아니라 구절이나 문장까지도 떠올랐고 그는 그것을 오로지 종이위에 쓰기만 하면 되었다.

Alfred, Lord Tennyson

Strasbourg대학의 learning mind control(hypnosis) 강좌를 열심히 들었던 이들 가운데 Goethe, Metternich 그리고 Chopin 등이 있었으며, Mozart도 러닝 마인드컨트롤에 의하여 심신을 이완하고 떠오르는 멜로디와 오케스트라의 연주소리를 단지 악보에 써 내려가기만 하면 되었다. 실제로 그러한 음악적 환상은 러닝 마인드컨트롤에 의해서 쉽게 유발시킬 수가 있다. 『Clinical and experimental hypnosis』의 저자인 William Kroger에 따르면, 수 년 동안 악보를 쓰지 못했던 사람이 러닝 마인드컨트롤을 배우고 후최면 암시에 따라 유명한 콘서트의 악보를 완성할 수 있었다.

이 러닝 마인드컨트롤은 몇몇 성공한 거부들의 비밀스런 배후로만 여겨져 왔고 그것은 다시 위대한 많은 발명가들의 창조력의 원천을 이루게 하는 "아론의 지팡이"로 여겨져 왔다.

Napoleon Hill은 그의 위대한 아홉 명의 카운슬러, Emerson, Paine, Edison, Darwin, Lincoln, Burbank, Napoleon, Ford 그리고 Carnegie와 함께한 그의 일상적인 "환상의 미팅"에 대해서 이야기 한 바가 있다. 그는 환상의 미팅에 앞서 "나는 곧 깊은 잠재의식 속으로 들어간다."라고 암시하고, 환상의 미팅을 하는 동안, 그는 일생의 계획을 실행하기 위한 행동을 결정하는 실행위원회의 의장의 역할을 하였다. 그는 "이해되지 않을 때, 나는 상상으로 나의 자문의원회의를 생각하며… 그동안… 그들은 나를 성취의 영광된 길로 인도해주고 있으며… 창조적인 노력을 격려하고…"라고 생각하였다.

Henry Ford도 어떤 문제를 해결하기 위하여 그리고 계획의 실행을 위하여 그의 "명상룸"을 이용하였다.

역사적으로 증명된 수많은 위인들, 예술가들, 작가들,

미술가들 그리고 발명가들은 성공의 평균적 수준 이상으로 자신을 끌어올리기 위해 러닝 마인드컨트롤이라는 '공부하는 방법'을 배워 이를 사용하여 왔다.

Henry Ford

여러분들도 역시 "공부의 기술"을 통하여 러닝 마인드컨트롤이라는 학습 기술을 익히고 이의 자율적인 훈련을 통해 앞에서 예로 든 사람들과 똑같은 위대한 인물로 성장할 수가 있다.

천재교육연구소가 펴낸 이 책을 통하여 공부하는 방법을 배운 이들은 스스로 "공부의 기술"을 사용할 수가 있게 될 것이기 때문에 더 이상 천재를 경외의 눈으로 바라보지 않게 될 것이다.

보통사람을 천재로 만들어 줄 러닝 마인드컨트롤의 핵심은 학습 속도의 배가, 기억력향상, 집중력 강화, 선명한 기억법에 의한 학습 훈련 그리고 자면서 공부하기 등이다. 이를 위하여 이 책에서는 다음과 같은 학습과 훈련이 이루어지게 될 것이다.

(1) **집중력**(concentration) **기르기**
러닝 마인드컨트롤은 기억력 향상에 많이 사용된다는 사실은 이미 잘 알려져 있다. 마인드컨트롤의 후최면 암시를 통해서 기억력이 향상되고, 강의 시간 또는 공부하는 동안에 지식과 정보를 접하는 순간에 주의를 집중시킬 수가 있다. 또, 필요한 정보를 쉽게 기억해낼 수도 있다. 뿐만 아니라, 학습한 것들을 종합하고, 이를 이미 갖고 있는 지식의 바다로 합류시키며, 일반적인 결론으로 도출해 내어, 현재를 통하여 과거와 미래를 연결하는 것이 가능해진다.

(2) **두 배로 학습하기**
여러분은 러닝 마인드컨트롤을 통해, 주어진 양의 지식을 공부하는데 필요한 시간을 반으로 줄이거나, 주어진 시간에 공부하는 양을 두 배로 늘릴 수도 있다.
"시간의 왜곡(time distortion)" 현상을 이용하면 한 시간을 연습해야 할 것을 단 5분 동안에 해낼 수 있는데 상상연습(mental imagination)이 바로 그것이다.

(3) 선명한(photographic) 기억하기

일반에 잘 알려져 있지 않은 또 한 가지 방법은 시각화(mental visualization)이다. 시험 볼 때 실제로 머릿속에 마음의 스크린을 만들고 그 위에 공부한 부분을 떠올려서, 그것을 보며 답안지에 정답을 쓰는 것이다. 러닝 마인드컨트롤은 소위 "사진 찍는 것과 같은 선명한 기억"을 하는데 효과적으로 이용된다.

(4) 자면서 공부하기(sleep learning)

러닝 마인드컨트롤을 "철저히 사용"할 수 있기를 원하면, 일반적으로 이용되는 녹음기를 사용하지 않고, 잠자는 동안에 우리의 머릿속에 있는 "learning computer"가 작동할 수 있도록 하면 된다. 잠들기 직전의 후최면 암시는 잠자는 동안에도 공부를 할 수 있도록 해 준다.

2) 초심자를 위한 러닝 마인드컨트롤

 러닝 마인드컨트롤의 가장 중요한 이점은 자기 동기부여이다. 러닝 마인드컨트롤을 통해서 성공 동기부여를 할 수 있다.
 즉, 목표의 달성을 즐기는 자신의 모습을 마음의 스크린 위에 비출 수 있을 뿐만 아니라 목표를 향한 성취의 점진적 단계를 비출 수도 있다.
 매일같이 목표를 명상하는 자기 동기부여는 성취를 향한 가장 강한 동기로 작용을 한다. 또한 이러한 러닝 마인드컨트롤은 성공을 위한 잠재의식의 재구성에도 사용될 수 있다.
 러닝 마인드컨트롤에 의해서 자동적으로 얻어지는 또 다른 이점은 피로를 제거하는 것이다. 이는 러닝 마인드컨트롤에 의해 심신을 이완함으로써 이루어 질 수 있으며, 마음의 조절을 통하여 에너지를 소모시키는 부정적인 요인들을 자연스럽게 자동적으로 변화시킬 수가 있다.

3) 창조력을 샘솟게 해주는 러닝 마인드컨트롤

아주 흥미로운 점은 러닝 마인드컨트롤이 인간이 창조력을 발휘할 수 있도록 해준다는 것이다.

러닝 마인드컨트롤의 사용자들은 한정된 시간, 분, 초 동안에 자신의 목적을 위하여 자신의 마음을 컨트롤하는 법을 배운다. 이것은 어느 때나 어디서나 가능하다. 자신이 스스로 할 수도 있고 다른 사람의 도움을 받을 수도 있다.

무엇보다 중요한 것은 자신의 마음을 컨트롤하는 기술과 그 기술을 이용하는 법을 배우는 일이다.

---

* 비슷한 여러 용어들 즉 "내부의 힘(power of within)", "잠재력(inner power)", "마음의 힘(power of the mind)", "신념의 마력(magic of believing)", "초염력(extra sensory perception)" 기타의 기술, 방법, 수련 등은 모두 러닝 마인드컨트롤의 범주에 있다. 홀로(Solitude), 명상(meditation), 이완(relaxation), 하느님과의 대화 또는 상상의 자문위원회 등의 표현들도 모두 여기에서 쓰이는 용어들이다.

천재가 되는 비밀 공부의 기술 2
모든 학습 활동, 뇌가 한다

1) 감각기의 역할

우리는 흔히 눈(eye)이 사물을 식별한다고 생각한다. 그러나 이는 완전히 틀린 말이다. 사물을 인식하고 식별하는 것은 눈이 하는 것이 아니라, 뇌가 하는 것이다. 인간에게는 "세상을 보는 창" 즉 감각기관이라고 말하는 다섯 가지의 에너지 변환장치(energy transformers)들이 있다.

눈(eye)은 살아있는 완전 자동의 카메라로 표현할 수 있는데, 이곳에서 빛을 조절하고, 받은 빛의 자극(light stimulus)을 화학 변환장치가 전기적 자극(electrical stimulus)으로 변환시켜서 뇌의 후두부에 있는 시각령(visual center)으로 보낸다. 그곳에서 정보를 판독하고, 보게 되는 데, 이는 바로 "뇌가 보는 것"이다.

귀(ear)도 아무것도 듣지 못한다. 귀는 단지 외부로 부터의 소리의 자극(sound stimulus)을 전기 자극으로 변환시켜 뇌의 청각령(auditory center)으로 보낼 뿐이며, 실제로 자극을 판독하고 해석하여 들을 수 있는 것은 뇌이다. 즉, "뇌, 브레인이 듣는 것"이다.

코(nose)는 냄새의 자극(smell stimulus)의 변환장치로서 후각령(olfactory center)에서 판독하고 해석해 냄새를 맡는다. "뇌, 브레인이 냄새를 맡는 것"이다.

입의 혀에 있는 미뢰(味蕾 taste buds)는 음식물에서 화학물질의 자극(chemical stimulus)을 받아 이를 전기적 자극으로 변환시켜 후두부의 미각령(gustation center)에 전달할 뿐, 진실로 맛을 보는 것은 뇌이다. "뇌, 브레인이 맛을 보는 것"이다.

피부도 마찬가지로 뜨겁고, 차고, 아프고, 누르는 자극을 각각 온점(溫點, hot spot), 냉점(冷點, cold spot), 통점(痛點, pain spot)과 압점(壓點, touch spot)에서 전기적 신호로 변환시켜 뇌의 감각령(sensory center)으로 보내면 뇌에서 이를 판독하고 해석하여 뜨겁고, 차고, 아프고, 누르는 정도를 알아낸다. "뇌, 브레인이 감각하는 것"이다.

결론적으로, 눈은 결코 아무것도 볼 수 없다. 귀도 결코 아무것도 들을 수 없다. 코도 결코 아무 냄새도 맡을 수 없으며, 미뢰도 결코 아무것도 맛볼 수 없다. 피부도 결코 아무것도 느낄 수가 없다. 모든 것은 뇌가 한다. 감각기관으로 들어온 실제적 자극들은 모두 뇌가 인식해 종합하여 판단하는 것이다. 바꾸어 말하면, 뇌가 보고, 뇌가 듣고, 뇌가 냄새 맡고, 뇌가 맛을 보고, 뇌가 감각을 느끼는 것이다.

또한, 뇌는 이런 감각기능 뿐만 아니라 시상(視床 thalamus)을 통하여 인간의 정신기능, 학습기능, 생각과 행동까지도 모두 관장한다. 뇌는 심장이 뛰고, 머리카락과 조직들이 자라고, 음식을 소화하고, 동화작용, 배설작용을 하는 등등의 모든 생명기능을 관장한다.

더욱 중요한 것은, 감각이 주어지면 그것은 소리기록, 영상기록 또는 다른 여러 형태의 감각기록으로 뇌에 새겨지게 되며, 뇌에 새겨진 것을 다시 생산하기 위한 더 이상의 감각은 필요하지 않다.

마치 잠을 자면서도 꿈을 통해 보고 듣는 것처럼, 눈으로 직접 보지 않아도 이미 한번 본 것은 어느 것이나 다시 볼 수 있으며, 한번 들은 것은 무엇이나 다시 들을 수 있는 것이다. 그러니까, 이미 감각한 것은 어느 것이나 외부의 자극이 없어도 다시 느낄 수 있다는 것이다.

이것은 마인드컨트롤에 의해서 대상과 감각을 분리할 수 있다는 것이며, 이것이 러닝 마인드컨트롤의 근본 원리이며 "공부의 기술"의 근간이다.

2) 일반의식과 잠재의식

인간에게는 오감(五感)으로 느끼고 생각하는 일반의식(一般意識, conscious mind)과 또 다른 영역인 잠재의식(潛在意識, subconscious mind)이 있다.

이 잠재의식은 스스로 깨닫기가 어렵다. 잠재의식은 일반의식에 대비되거나 신비한 능력의 영역이라는 등의 뜻으로 내면의식, 하의식, 무의식, 우주의식, 초의식, 심령의식, 영, 영성, 불성, 신, 신성 등 관점과 종교 그리고 필요에 따라 다양한 표현으로 불리어지고 있는데, 이 중에서 어떤 단어나 개념을 사용하더라도 본질에는 영향을 미치지는 않는다.

잠재의식(subconscious mind)은 자신이 의식을 하든 그렇지 않든 자신의 운명을 결정하고 있는 핵심적 실체로서 그 영역은 가히 헤아릴 수 없을 정도이다. 잠재의식의 작용을 간략히 정리하면 다음과 같다.

- 의식하지 못하는 사이에 몸의 안전을 위해 24시간 잠들지 않고 활동한다.
- 특수한 상황에서 초인적 능력을 발휘한다.
- 욕구의 실현을 위한 다양한 능력을 발휘한다.

우리는 보통의 평범한 사람들에게서 잠재의식의 초인

적 능력이 발휘되는 것을 볼 수 있는데, 주로 위험한 상황에 처해있을 때이다.

집에 불이 나자 평소에는 도저히 들 수조차 없었던 무거운 짐을 자신도 모르게 들고 대피하는 일이 있는가 하면, 아파트 5층에서 떨어지는 세 살짜리 아이를 마침 집으로 오고 있던 어머니가 창 아래까지 순식간에 달려가 8m 위에서 떨어져 내려오는 아이를 무사히 받아낸 일, 그리고 8명의 중풍환자가 있는 병실에 큰 뱀이 창으로 기어 들어오자 몸도 가누지 못하는 중풍환자들이 2층에서 뛰어 내리는 등 국내외에서 비슷한 사례들이 많이 알려져 있다.

또, 인류의 역사에서 기억에 남을 정도로 일가를 이루었던 사람들은 거의가 잠재의식의 힘을 매우 훌륭하게 활용한 사람들이다. 그렇다고 해서, 잠재의식의 힘이 위기 상황에서만 발휘된다거나, 특별한 사람들만이 발휘할 수 있는 특별한 능력은 결코 아니다. 예외적으로 몇몇의 분야에 있어서 보통 이상의 노력이 요구되는 영역도 있으나, 잠재의식을 활용할 수 있는 능력은 누구에게나 이미 준비되어 있는 것이다. 위에서 언급한 것처럼 스스로 깨닫지 못 할 뿐이다.

잠재의식의 활용에 논리적이거나 분석적이거나 학술적일 필요는 없다.

자신이 성취하고자 하는 일을 달성하기 위해 잠재의식의 도움을 받는 방법은 매우 간단하다. 자신의 삶의 계획안에 잠재의식이라는 영역을 '생각으로 설정'만 하면 된다.

자신의 잠재의식에 초점을 맞추고, 유지하고, 자신이 원하는 것을 암시하기만 하면 그것에서부터 잠재의식의 신비한 작용은 시작된다.

잠재의식이 무엇인지 모르면서도 남녀노소, 지위고하에 구별없이 누구나 잠재의식이 활동하고 있는 경우가 있다.

일상생활에서 가끔 어떤 일이나 문제가 무심코 느낌으로 떠오르는 경우, 그 느낌이 부정적이든 긍정적이든 애써 무시하고, 산술적인 계산에 의한 행동을 하였는데, 그 결과는 자신의 처음 느낌 그대로 겪게 되는 경험들이 있을 것이다.

특히 직책상 판단과 결정을 해야 하는 위치에 있는 사람들은 기존의 데이터 외에 반드시 그 순간의 '감(感, impression)'을 놓치거나 무시해서 낭패를 보게 되는 경우가 의외로 많다.

유능한 기술자는 기계 고장의 원인이 애매할 경우라도 다 분해하고 나서야 이해하는 수고를 하지 않는다.

뛰어난 영업 사원도 거래 성사 여부의 판단을 데이터나 계산기에만 의존하지 않는다. 남다르다 하는 사람들의 대부분은 이 '감(impression)'이 상당히 좋다.

물론 세상 모든 일이 '감, 느낌'으로만 처리되는 것은 아니다. '감, 느낌' 좋다는 것은 일반의식과 잠재의식이 조화롭게 활용되어질 때 보다 좋은 결과를 얻어낼 수 있다는 의미로 이해하면 된다. '감'이란 예지적이고 창조적이며 총체적인 잠재의식의 자기실현을 위한 언어로서, 잠재의식과 일반의식의 한 소통 방식인 것이다.

위와 같이 의식은 일반의식과 잠재의식으로 각기 작용하는데, 이들을 구조적으로 설명하면, 의식은 바다위에 떠 있는 큰 얼음산에 비유할 수 있다.

빙산은 비중에 의하여 물위에 약 10%가 떠있고 나머지 약 90%는 물속에 잠겨있는데, 우리의 의식도 이와 같다고 표현한다. 즉 우리가 항상 오감(五感, five senses)으로 느끼고 생각하는 일반의식은 우리의 전체의식 영역의 규모에 비하면 약 10%정도이고, 나머지 90%는 의식의 내면에 잠재되어 우리의 일상적 생활과 행동을 발현하고 있다. 이것이 잠재의식이다.

10% 일반의식 ↘

↖ 잠재의식 90%

천재가 되는 비밀 **공부의 기술** 3

학습활동의 원천, 잠재의식의 이해

1) 잠재의식의 기능

일상생활에서 나타나는 잠재의식의 기능들 중 가장 중요한 여섯 가지의 관점은 다음과 같다.

① 잠재의식은 태어나면서부터 겪은 사소한 것까지 모두 당시의 경험대로 기록, 저장한다.
② 한번 기록, 저장된 것은 결코 지워지거나 왜곡되지 않는다.
③ 잠재의식의 정보저장 능력은 초대형 컴퓨터보다 더 초대형이고, 더 초정밀하다.
④ 잠재의식은 정보를 당시의 순간처럼 생생한 오감으로 저장한다.

⑤ 잠재의식은 죽어서 뇌세포가 활동을 완전히 중지하는 순간까지 24시간 활동한다.
⑥ 잠재의식은 우리의 몸에서 일어나는 위험에 신속하게 대처해 스스로를 보호한다.

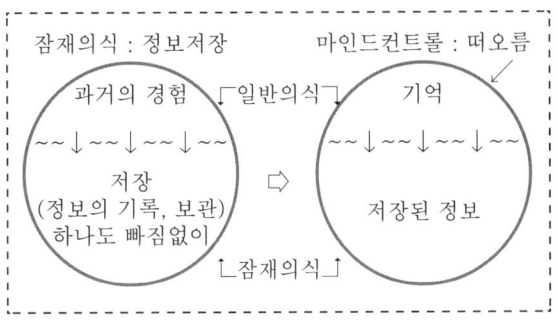

그림 3-1. 잠재의식과 마인드컨트롤의 기능

2) 컴퓨터와 비슷한 잠재의식

Maxwell Maltz박사와 Norbert Wiener박사는 '잠재의식은 마치 두뇌를 통해 작동하는 컴퓨터와 같다'고 표현했다. 여기에 더해서, 잠재의식의 논리적 분석 능력이나 정보의 저장 용량은 매우 엄청나서 아무리 성능이 뛰어난 컴퓨터라 할지라도 두뇌의 잠재의식에 비교하면 그저 한낱 장난감과 같은 기계일 뿐이라는 것이다. 사람이 태어나 삶을 다 할 때까지의 스쳐 지나간 일 모두를 저장한다 할지라도 우리 두뇌의 20%도 쓰지 않은 것이라고 하니까 말이다.

3) 인체의 모든 기관을 조절 통제한다.

잠재의식의 작용 중의 하나는 두뇌의 자율신경계를 통해서 몸의 전 기관을 조절, 통제하는 것이다. 이는 흡사 자동 온도조절기와 같다. 두뇌의 한 부분이 자율신경계인데 이 자율신경계를 통해서 모든 기관과 분비샘들이 조절, 통제된다. 이는 잠재의식이 화학적, 전기적 기작(mechanism)으로 조절하는 것이라 하겠다.

마인드컨트롤 실험은, 인체의 모든 기관들이 잠재의식에 의한 이러한 기작을 통해서 조절되고 있다는 것을 과학적으로 증명하고 있다. 예로 후최면 암시(post hypnotic suggestion)에 의해서 혈액 순환을 컨트롤할 수가 있고, 심장의 박동 수를 느리게 하거나 빠르게 할 수도 있으며, 내장의 기관들과 분비샘들의 작용을 변화시킬 수도 있다. 상처의 치유가 빠르게 되며, 체온을 높일 수도 낮출 수도 있다.

그 외에 많은 다른 변화들, 예를 들면 공부 시간에 집중하고, 수업 내용을 요약하고 정리해 저장하며, 이를 필요할 때 조리있게 발표하거나 기억으로 떠올릴 수 있게 하는 것, 등등도 후최면 암시를 통해서 유도할 수가 있다. 후최면 암시는 각성 후에 해야 할 행동의 지침을 하달하는 잠재의식에의 명령이다. 이는 뒤에 자세히 배우게 될 것이다.

4) 기억의 작용

잠재의식은 기억의 저장 창고이다. 잠재의식은 우리가 의식적으로는 전혀 인지할 수 없는 매우 미세한 주위의 소리가 주는 음향 효과와 함께 받아들여진 다른 감각들 즉, 시각, 청각, 후각, 미각과 접촉, 통각, 냉각, 온각 등의 피부감각 등으로 형성된 행동양식들을 그대로 저장하는데, 그 어떤 것이든 모두 당시의 그대로를 수용해 저장한다.

우리는 이렇게 잠재의식 속에 저장된 기억들을 아주 사소한 일까지도 의식 속으로 불러올 수 있다. 대부분의 사람들은 약 5년 전에 일어났던 일에 대한 몇 가지만을 기억할 수가 있을 뿐이다. 때로는 아주 어렸을 때의 일을 기억할 수도 있으나 그런 기억들은 아주 적다. 이처럼 사람들의 의식에서의 기억은 한계가 있어도, 잠재의식은 한계가 없다. 그 어떤 것도 결코 잊지 않는다. 모든 것을 기억한다. 앞서 말했듯이 잠재의식은 어떤 컴퓨터와도 비교할 수 없을 만큼 큰 용량을 갖고 있기 때문이다. 마인드컨트롤로 이러한 잠재의식의 엄청난 기억 용량을 증명할 수 있다.

예를 들면, 아주 충격적이었던 심리적인 경험 또는 간담이 서늘하도록 깜작 놀랐거나 충격을 받았던 일들에 대해 기억하지 못하는 경우들이 있는데, 마인드컨트롤 암시로 그 당시 상황을 그대로 재생할 수가 있다. 사람들은 기분 나빴던 경험들을 다시 떠올리기 싫어한다. 그래서 그 경험의 기억을 일반의식의 밖으로 밀어 내버리려 하거나, 때로는 기억할 수 없게 되기도 하는데, 그렇다고 그 기억들이 사라지는 것이 아니다. 그 충격의 기억, 기분 나빴던 경험의 기억은 그대로 고스란히 잠재의식에 간직되어 억압되고, 때로는 곪기도 한다. 그리고 그것으로 인해 삶에 많은 문제가 생기기도 하는데, 잠재의식에 있는 것이기 때문에 우리의 의식으로는 문제의 원인에 대해서 도저히 알 수 없게 되는 것이다. 하지만, 이러한 일 모두를 마인드컨트롤을 통해 기억해 내고, 재생할 수 있다. 특히 러닝 마인드컨트롤 기법은 학습과 관련된 부분만을 집중적으로 취급함으로써 재능을 발휘하도록 돕는 것이다.

잠재의식에 기억이 기록되기 시작하는 시기는 언제부

터일까? 한 살 또는 두 살? 생후 몇 개월부터일까? 아니면 그보다도 훨씬 이전부터일까? 이는 매우 흥미로운 질문이며, 잠재의식을 공부하는 사람은 누구나 의문을 갖는 문제이기도 하다. 어느 유명한 마음치료전문의는 태어나면서부터 잠재의식의 실제적인 기억이 시작된다고 믿고, 어떤 학자는 출생 이전부터 기억의 기록이 가능하다고 믿는다.

Dr. Nandor Fodor는 그의 저서 『Search for the Beloved』에서 꿈의 분석과 설명을 통해서 출생과 출생 이전에 기억의 기록이 시작된다는 것을 증명하려고 노력하였다. 실제로 여러 학자들의 임상경험에 따르면, 깊은 최면상태에서 태어날 때의 경험을 기억하고 당시에 무슨 일이 일어났던가를 상세히 말하는 사람들이 많았다.

필자의 임상 경험에 의하면 잠재의식의 기억의 기록은 수정 후 약 12주되었을 때부터 가능한 듯하다. 우울증을 앓고 있는 42세의 Mrs Lee에게 깊은 최면을 유도를 했을 때의 경험이다. 그녀에게 깊은 최면 속에서 태아퇴행을 명령하였을 때, 임신 약 12주 때라고 생각되는 시기에 그녀의 어머니가 임신 중절을 하려는 시도가 있었고, 그 과정에서 받은 태아의 살기 위한 엄청난 노력과 스트레스가 있었음이 깊은 최면이 유도된 환자의 행동과 설명을 통하여 알 수 있었다. 이때의 스트레스가 중년에 와서 우울증을 일으키는 중대한 원인이 되었고, 마음치료를 통해 내담자는 심한 우울증으로부터 벗어날 수 있었다.

최근 발표된「태아의 오감 연구」에서도 출생 전 시기에 이미 외부로부터의 자극과 감각 정보를 오감으로 인식하고 있음이 증명되었다. 필자는 이를 바탕으로 임신 12주보다 더 이전부터 감각의 수용과 기억의 기록이 시작되는 것으로 생각한다.

5) 잠재의식의 생각과 논리

여러분이 스스로에게 이롭도록 하는 잠재의식의 영향을 기대한다면 잠재의식이 작용되는 방식을 이해해야 한다.

잠재의식은 어느 때는 유치한 어린애와 같고 또 어떤 때는 어른과도 같다. 잠재의식은 모든 것을 자의적(字意的, 글자 뜻 그대로, literally)으로만 받아들인다. 예를 들면 "미치겠네(That makes me mad)"라는 말을 흔히 사용하는데 이는 "매우 화가 난다"라는 의미로 사용하였지만 잠재의식은 글자의 뜻 그대로 "그것은 나를 미치게 한다."라고 받아들이는 것이다.

잠재의식은 의식 표면과 아주 가까이에 위치해 있으므로 일반의식과 직접 관계를 가지고 있다. 만일 깊은 잠재의식 속에 들어가 있는 사람에게 "당신이 어디서 태어났는가를 말해 주시겠습니까?"라고 물으면 그는 "고개를 끄덕이던가" 아니면 "네"라고만 대답한다. 글자의 뜻대로 해석하면 그 대답은 옳은 것이다. 그렇지만 깊은 잠재의식 속에 들어있지 않은 때라면 그 사람은 물음의 의미를 해석해서 자신의 출생지의 이름을 말할 것이다.

잠재의식의 이러한 특성을 정확히 이해하는 것은 암시 언어의 사용에 대단히 중요하다. 무심코 던진 한마디 말이 암시 언어가 되어 잠재의식에 각인(刻印)되어 버리면 그것이 원인이 되어 병을 일으키는 경우가 많다. 우리는 병의 회복을 방해하는 언어를 너무나 많이 사용하고 있다. 예컨대 '뭘 해도 쓸데없어.', '이제는 고칠 수 없게 되었어.', '평생 이런 모습으로 살아야 돼.', 등등의 말이 그런 것이다. 열심히 치료를 받아놓고도, 누군가가 무심코 한 이런 말을 듣게 된다면, 그것이 어떤 결과를 초래할 것인가를 모르고 한 말이라 하더라도, 그 말이 환자에게 각인되어 환자의 병을 오히려 악화시키는 결과를 낳게 된다. 다행히 잠재의식에 각인되지 않으면 해가 되지 않을 수도 있으나, 환자가 공포에 떨거나 절망한다거나 감정이 고조되어 있을 때에는 자동적으로 깊은 최면의 상태에 빠지게 되는데, 그때 듣게 되는 부정적인 말 한마디는 그 상태 그대로 잠재의식에 고정되어 움직일 수 없게 되는 것이다.

"평생 이 병과 함께 살아야 한다니…" 라는 말을 문자 그대로 해석한다면 과연 어떤 의미가 될까? "그 상태, 또는 그 증상이 없어지면 나는 죽어 버린다." 즉, "만약 그것과 함께 살아야 함을 느끼지 못한다면 당신은 죽어요."라고 하는 의미가 된다. 그래서 죽고 싶지 않기 때문에 잠재의식은 현재의 병의 상태에 필사적으로 매달리게 되는 것이다.

이는 학습에 있어서도 마찬가지이다. '너는 할 수 없어.', '멍청이 같으니' '너는 아무리 해도 안 돼' 등의 말을 들었을 때 잠재의식에 각인되어 버리면 실제로 그렇게 된다. 그러나 반대로 '너는 할 수 있어.' '너는 능력이 있으니까.', '너는 금방 해낼 수 있어.' 등의 암시를 주거나, 각인을 시키면 실제로 그렇게 된다. 그래서 긍정적인 암시는 학습에 있어서 매우 중요하다.

천재가 되는 비밀 **공부의 기술** 4

잠재의식의 활성화,
최면의 유도기술

1) 최면의 유도 원리

마인드컨트롤을 이용하면 아주 간단하게 잠재의식에 영향을 줄 수가 있다. 즉 마인드컨트롤로 깊은 최면 속으로 유도함으로써 잠재의식이 활성화되고, 잠재의식과 대화를 할 수 있는 통로가 열리게 된다.

잠재의식과의 대화의 통로가 열리게 되면, 잠재의식의 능력을 개발할 수 있고 이를 활용할 수가 있게 되며, 의식의 세계로 떠오르지 않던 여러 가지의 정보들을 접할 수 있다. 이는 러닝 마인드컨트롤에서 매우 중요한 일이다.

깊은 최면 속에 들어가기 위해서는 주의의 집중(集中, concentration)과 이완(弛緩, relaxation)이 중요하다. 주의 집중과 이완은 물체를 응시하는 방법이 가장 많이 사용되며 이 방법은 곧 자세히 설명하겠다.

응시를 이용한 주의 집중과 이완을 통해 활발하던 두뇌의 활동이 점차 안정되면서 알파파가 발생되는 상태로 변화된다.

눈을 통해 느끼던 감각이 생각을 통해 느끼게 되면서, 일반의식의 활동은 줄고 잠재의식의 활동이 활발해져 잠재의식과의 대화의 통로가 넓게 열림으로 잠재의식 속에 저장되어 있는 무한의 각종 정보들을 접할 수 있게 된다.

잠재의식에의 명령 즉, 암시는 윤리와 도덕에 어긋나는 것이 아니면 모두 수행된다.

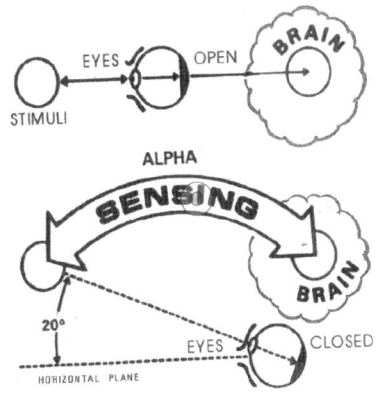

그림 4-1. 응시와 이완의 요령

2) 깊은 최면 속으로의 유도방법

마인드컨트롤을 위한 깊은 최면 속으로의 유도방법은 다음의 다섯 단계에 따른다.

일반의식의 수준

⇩

① 눈꺼풀이 피로한 단계

⇩

② 눈이 감기는 단계

⇩

③ 몸의 이완 단계

⇩

④ 마음의 이완 단계

⇩

⑤ 잠재의식의 활성화 단계

⇩

잠재의식의 수준

(1) 눈꺼풀이 피로한 단계의 유도

주의 집중을 위해서 방해받지 않는 조용한 장소를 선택한다. 앉거나 누워서 몸의 자세를 편안하게 한다. 불편을 느끼지 않도록 간편한 옷을 입는다. 주의 집중 도

중에 방해가 되지 않도록 전화, 셀룰러폰, 자명종 시계 등을 끄거나 조절하고 방문자가 있을 경우에 대해 미리 대비를 한다.

주의 집중에는 어떤 하나의 물체를 응시하는 방법이 좋은데 어느 것이라도 상관없으나 가능한 밝은 것이면 더 좋다. 벽에 걸려있는 그림이나 어떤 한 점을 응시해도 좋고 문손잡이를 응시해도 좋으며, 안정된 촛대에 꽂혀있는 촛불이면 더욱더 좋다. 밝게 타오르는 불꽃은 주의 집중에 더 많은 도움을 준다.

이완을 위해서 심호흡을 2-3번 하고 최대한 기운을 뺀다. 그리고 어느 한 물체를 3-4분 동안 응시한다. 물체는 눈으로부터 약 20° 정도 위를 향하고 응시가 끝나면 눈은 위로 향한 그대로 조용히 다시 한 번 심호흡을 한다.

그리고 다음과 같이 생각한다. 소리를 내 말을 할 필요는 없다. 그저 생각하기만 하면 된다.

"촛불을 보면 나의 눈꺼풀은 무거워 진다. 아주, 아주 무거워 진다. 너무너무 무거워 진다. 촛불을 응시할수록 나의 눈꺼풀이 너무너무 무거워지기 때문이 눈꺼풀이 아래로 내려가 눈이 감긴다. 눈꺼풀이 무거워져서 눈이 감긴다. 눈이 감긴다. 이제 눈을 뜰 수가 없다. 깊은 잠재의식의 세계로 들어간다. 들어간다. 들어간다. 깊은 잠재의식의 세계로…"

(2) 눈이 감기는 단계의 유도

물체나 촛불을 응시하면서 몇 차례 반복한다. 노련해질수록 반복의 횟수는 줄어든다.

눈꺼풀이 점점 더 무거워짐을 느끼게 될 것이고, 원하면 언제나 눈은 감기게 된다. 여기까지 1분 또는 2분이면 충분하다. 더 계속할 필요는 없다.

눈이 감기면 깊은 최면 속으로 들어가는 자신에게 주는 신호의 말, 예를 들면 "relax now" 또는 "즉시 깊은 최면 속으로"라고 마음속으로 외친다. "지금" 또는 "즉시"라는 말을 꼭 해야 한다. 그렇지 않으면 즉시 일어나지 않는다.

(3) 몸의 이완 단계의 유도

다음에는 몸의 근육을 이완시켜야 한다. 발부터 시작한다. 다음과 같이 암시한다.

> "오른쪽 다리의 발가락으로부터 엉덩이까지 모든 근육이 이완된다. 왼쪽다리의 발가락으로부터 엉덩이까지 모든 근육이 이완된다."

그러면 뻣뻣하던 발가락과 탱탱하던 근육들이 점차 느슨해지고 풀리게 된다. 이어서 다음과 같이 암시한다.

"위와 배의 근육이 이완된다. 가슴의 근육이 이완된다, 호흡을 하는 근육들이 이완된다."

이때 흉식호흡이 점차 느려지게 되고 복식호흡이 시작됨을 느낄 수 있다. 어떤 이는 최면 속으로 들어가면서 처음에는, 호흡과 심장의 박동이 빨라지나 더 깊은 최면 속으로 들어가다 보면 호흡과 심장의 박동이 점차 느려지게 된다. 이어 다음과 같이 암시한다.

"등의 근육이 이완된다. 어깨의 근육이 이완된다. 목의 근육이 이완된다."

그러면 등과 어깨 그리고 목의 근육들이 부드럽게 이완된다. 계속한다.

"오른팔의 어깨에서부터 손가락 끝까지 근육이 이완된다. 왼팔의 어깨에서부터 손가락 끝까지 근육이 이완된다. 점점 깊어짐에 따라 얼굴의 근육들도 이완된다. relax now!"

잠시 후 얼굴의 근육들이 이완되고, 표정도 사라지며, 무아의 상태로 된다.

(4) 마음의 이완 단계의 유도

이제 깊은 최면 속으로 들어갈 준비가 되었다. 다음을 생각으로 말하며 3번 반복한다.

"자 나는 지금 더욱더 깊은 최면 속으로 들어간다. 더 깊이 더 깊이"

이제 백화점에 있는 에스컬레이터를 탄다고 생각한다. "나는 에스컬레이터의 맨 위에 서 있다." 마음의 눈으로 내앞에서 계단들이 계속적으로 움직여 아래로 내려가는 것을 본다. 마음속으로 그려보며 에스컬레이터의 계단위에 서서 손으로는 레일을 잡고 계단이 내려가는 동안 수를 10에서 0까지 다음과 같이 거꾸로 센다.

"열, 아래로 내려간다. 아홉 깊은 최면 속으로, 여덟 더욱 깊이, 일곱 더욱 깊이, 여섯 아래로, 아래로 내려감에 따라, 다섯 의식은 더욱 깊어지고, 넷 깊은 최면 속으로, 셋 깊은 잠재의식 속으로, 둘 들어가면서 마음은 편안해지고, 하나 아주 기분이 좋아진다. 영."

마음속으로, 바닥으로 내려서는 것을 그려본다. 초보자는 그 옆에서 계속되는 아래로 내려가는 에스컬레이터를 갈아탄다.

위와 같은 요령으로 3번 반복 암시한다. 만일 에스컬레이터가 싫으면 엘리베이터를 탄다고 생각한다. 암시의 요령은 같다.

(5) 잠재의식의 활성화 단계의 유도

이제 적어도 얕은 수준의 최면 속으로 들어왔을 것이다. 어떤 경우는 아주 깊은 최면 속으로 들어왔을 것이다. 더 깊은 최면 속으로 들어가기를 원한다면 다시 한번 암시를 할 수가 있다.

이제 생각만으로 원하는 장소에 와서 아주 즐거운 기분으로 즐길 수가 있다. 제일 좋아하는 곳을 마음으로 떠올린다. 맑고 넓은 호수, 파도치는 바닷가, 시원한 산정, 낚시나 보트타기, 집의 아늑한 거실 등 좋아하는 것은 무엇이든 좋다. 이러한 상상의 장소에 대한 집중은 깊은 최면상태를 계속 유지시켜 준다. 얕은 최면 속으로의 진입은 어렵지 않다.

초보임에도 단번에 성공할 수 있고, 그렇지 않은 경우도 있지만, 어떤 경우든 시행착오는 있을 수 있다. 중요한 것은 시행착오가 있었다 하더라도 부정적인 시각으로 보지 말고 언제나 긍정적으로 봐야한다는 것이다.

유능함은 많은 연습을 통해서 얻어지기 때문이다. 노력하라는 것이 아니고 연습하라는 것이다.

깊은 최면 속으로 들어왔을 때 일상생활에 이롭고 필

요한 것들을 위하여 병을 치료하든, 나쁜 버릇을 고치든, 잘못된 생각을 바꾸든, 공부를 위하여 특별한 능력을 발휘하든, 감각을 박탈하거나 느끼게 하거나, 원하는 이로운 일이라면 그 어느 것이든 다 할 수가 있다.

  기적 같은 일이라고 할 수 있으나 사실 놀랄 일은 아니다. 다시 암시한다.

> "나는 아주 건강해 진다. 머릿속의 맑아져서 두통은 사라진다. 나의 귀는 더욱 밝아지고 잘 들린다. 시력도 좋아지고 모두 잘 보인다. 나의 모든 감각이, 오장육부가 모두 정상 상태로 된다."

(6) 각성-일반의식으로 돌아가기
마음속으로 자신에게 말한다.

> "나는 하나에서 다섯을 셀 것이다. 다섯을 세면 나는 눈이 떠지고 깨어난다. 상쾌하고 아주 건강해지며 기분이 좋아진다. 하나 유쾌하고 상쾌한 각성 상태로 돌아간다. 두울 아주 기분이 좋다. 셋 아주, 아주 건강해지며, 넷 감각이 정상 상태로 돌아온다. 다섯! 나는 완전히 깨어났다. 느낌이 좋고 기분이 상쾌하다. 아주 건강하다."

천재가 되는 비밀 **공부의 기술** 5

관념운동에 의한
잠재의식과의 교신 기술

마인드컨트롤 기법을 사용해 간단하게 잠재의식에 영향을 줄 수 있다는 것은 매우 중요하며, 이보다 더 중요한 것은 잠재의식을 개발할 수 있는 것은 물론, 의식의 표면으로 떠오르지는 않으나 잠재의식에는 분명히 있는 여러 가지 것을 알 수 있다는 점이다.

 이는 최면에 유도되어 깊은 잠재의식 속에 들어있을 때 가능하다. 그러나 깊은 잠재의식 속에 들어 있을 때나 그렇지 않을 때에나 모두 가능한 교신 방법이 있는데, 그것은 바로 '관념운동 응답법'이다.

 '관념운동 응답법'은 '예' 또는 '아니요'로 대답할 수 있도록 질문의 어구를 배치해서 잠재의식과 교신할 수 있는 신호를 조립하고, 잠재의식은 그 신호를 통해서 질문에 답하는 교신방법이다.

질문에 대해 납득이 가면 잠재의식은 신호를 통해 대답한다. 이는 잠재의식에 지배된 근육 운동에 의한 동작으로 이를 '관념운동 응답법'이라 한다.

질문에 대한 신호의 답을 얻는 데는 두 가지 방법이 있다. 하나는 '진자 응답법'이고 다른 하나는 '손가락 응답법'이다.

1) 진자 응답 방법

'진자 응답법'의 요령은 추, 반지, 귀걸이 등 가벼운 것을 이용하며, 이런 작은 것에 8-10인치 가량의 가는 실을 맨다. 그 실을 엄지와 검지 사이에 끼우고 추를 밑으로 내려뜨리면 진자가 된다.

팔은 의자의 팔걸이나 식탁 위 또는 무릎 위에 얹고, 몸은 약간 앞으로 기울인다. 그런 다음 진자를 정지시킨 채 가만히 있으면서 추를 응시한다.

이때 추를 잡은 손가락은 움직이지 않게 고정되어야 한다. 스스로 진자를 움직이려 하지 않더라도 잠재의식이 손가락을 통해서 진자를 움직이게 할 수 있다.

교신기호는 사안마다, 잠재의식과 교신을 시작하기 전에 정해야 한다. 예를 들면, 먼저 사용자가 마음속으로 또는 음성으로 진자에게 "예", "예", "예"하고 말한다.

그러면 진자가 어느 방향이든 어느 한 방향으로 돌게 되는데, 이 방향이 "예"의 방향이 되는 것이다.

다음에는 "아니오", "아니오", "아니오"라고 말한다. 그러면 "예"라고 했을 때와는 다른 방향으로 돌게 되는데 이 방향이 바로 "아니오"의 방향인 것이다.

다음에는 "모르겠다", "모르겠다", "모르겠다"라고 위의 방법과 같이 한다. 그러면 진자가 위의 두 방향 이외의 방향으로 움직이는데, 이때 진자가 움직이는 방향이 "모르겠다"의 방향이 되는 것이다.

나머지 방향이 자동적으로 "대답하기 싫다"의 방향이 될 것이다.(그림 5-1)

'진자 응답법'은 잠재의식 속에 들지 않는 상태에서도 가능하며, 진자의 움직임이 미미하더라도 움직임의 방

향은 정확하다.

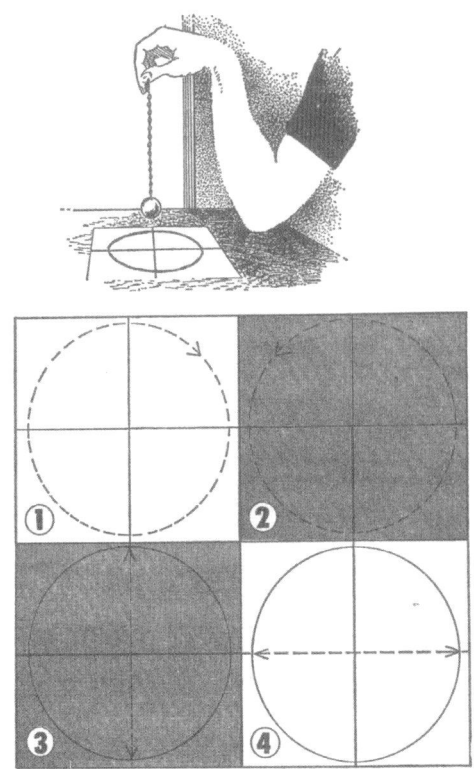

그림 5-1. 진자 응답법의 교신 기호 정하기

주의할 점은 의도적으로 '이러이러하게 움직이게 하고 싶다.'라는 생각을 하지 말고 전적으로 잠재의식에 맡겨야 한다. 소리 내어 말할 필요없이 생각만 하면 된다. 진자가 흔들리기까지 수 분 동안의 시간을 필요로 하는 경우도 있지만 대개는 바로 움직인다.

잠재의식은 번민하고 싶지 않은 것, 불유쾌한 것 또는 두려운 것에 대한 물음만 아니면 질문에 솔직하게 대답한다.

관념운동에 의한 교신 방법의 사용법을 배운 마음치료전문의 등 많은 사람들의 경험에 의하면, 진자가 전혀 움직이지 않은 예는 백명 중에 3-4명 정도에 불과하다.

만일 전자가 움직이지 않는다면 반드시 잠재의식이 어떤 이유로 인하여 저항을 하고 있다는 증거로 볼 수 있다. 잠재의식 속에서 표면의식으로 나오는 것을 두려워하고 있는 무엇인가가 있든지 아니면 다른 이유 때문에 저항하고 있는 것이다.

실패했더라도 다시 해보거나, 다른 사람이 대신 물으면 대답하는 수도 있다.

2) 손가락 응답 방법

'손가락 응답법'은 잠재의식 속에 들어갔을 때와 들어가 있지 않은 때, 모두 다 사용할 수 있다.

오른손잡이는 오른손을 사용하게 하고, 왼손잡이는 왼손을 사용하게 한다. 손가락을 사용할 때는 양손 또는 어느 한손을 반드시 의자의 팔걸이나 무릎, 양다리 위 등에 올려놓는다.

진자의 사용과 마찬가지로 교신기호의 조립은 묻고자 하는 사안마다, 잠재의식과 교신을 시작하기 전에 정해야 한다. 열 손가락 가운데서 네 종류의 물음과 응답을 어떻게 해서 받을 것인가를 잠재의식에게 묻는다. 그리고 어느 쪽이든 한쪽 손의 4개 손가락을 움직이게 하는 편이 보다 알기 쉽다.

진자를 이용할 때처럼 4개의 질문을 정하고 한쪽 손의 네 손가락을 이용한다. 진자를 사용할 때와 같은 요령으로 우선 "예", "예", "예"하고 마음속으로 또는 소리를 내어 말한다. 그러면 어느 손가락이 움직이거나 그 손가락의 근육에 약간의 통증이나 경련이 일어난다. 그러면 바로 그 손가락이 "예"의 손가락이 되는 것이다.

다음에는 "아니오", "아니오", "아니오"라고 말하면 나머지 손가락 중 하나가 어떤 움직임을 나타낼 것이다. 바로 이 손가락이 "아니오"의 손가락이 되는 것이다.

"아니오"의 손가락이 정해지면 다음에는 "모르겠다", "모르겠다", "모르겠다"를 위의 방법처럼 한다. 그러면 위의 두 손가락을 제외한 이외의 한 손가락이 움직일 것이다. 이 손가락이 "모르겠다"의 손가락이 되는 것이다.

"대답하기 싫다"는 나머지의 손가락으로 자동적으로 정해진다. 또는 '예, 아니오'에 대한 반응을 엄지손가락을 움직이면 "예", 검지손가락을 움직이면 "아니오"처럼 지정해줄 수도 있다.

손가락을 사용하는 경우에는 손가락이 위로 올라가는 듯이 되는 순간 근육에 약간의 통증같은 것이 느껴진다. 처음에는 움직이고자 하는 의지가 있으나 실제로 움직이고 있는 것이 아니기 때문에 손가락은 떨리거나 머뭇머뭇 움직이면서 천천히 위로 올라간다. 움직임은 아주 완만하고 느슨하지만 손가락이 높이 올라가 마치 손가락질을 하는 형태로 되는 경우도 있다.

결코 자신의 의지로 손가락을 움직이려 해서는 안 되며, 변칙적인 움직임이 있을 경우에는 그것이 무엇을 의미하는가를 잠재의식에게 반드시 물어보아야 한다.

'관념운동 응답법'을 사용할 때, 더러 나타날 수 있는 변칙적인 움직임에는 진자가 움직이지 않는다거나, 기울어져 흔들린다거나, 손가락이 움직이지 않는다거나, 신호로 정한 이외의 손가락이 위로 올라가는 경우 등등이 있다.

이것은 잠재의식이 어떤 논리적 사고를 하고 있음을 나타내는 것이다.

잠재의식은 대답을 하려고 하고 있으나 네 개의 기본적인 움직임으로는 대답을 할 수 없는 경우가 있다. "아마"라든가 "…일지도 모른다."라고 하는 의미일 수도 있고 또는, 질문이 명확하지 않기 때문이거나 질문구성이 서툴기 때문에 이해하기 어려운 것인지도 모른다.

이와 같은 변칙적인 움직임이 있을 경우에는 앞서도 말했지만 그것이 무엇을 의미하는가를 잠재의식에게 반드시 물어보아야 한다.

한편, 진자 사용이 좋은지, 손가락 사용이 좋은지는 경우에 따라 다르다.

진자를 사용하면 대답을 얻을 수 있는데 왠지 손가락 사용에서는 잘 되지 않는 사람이 있는가 하면 그 반대로 손가락은 질문에 답해 주는데 진자는 움직이지 않는 경우도 있다. 하지만 20명 중 19명까지는 어느 방법을 사용해도 반응을 하며, 매우 흥미로워하고 열중한다.

3) 잠재의식의 정보는 정확한가?

'관념운동 응답법'으로 얻어진 질문에 대한 대답은 어느 정도나 신뢰할 수 있는 것일까? 결론부터 말하면 잠재의식으로부터 얻어진 대답은 정확한 것으로 봐도 좋다.

그러나 자신이 반대의 응답을 끌어내려고 하는 의지가 확고하면- 그런 경우는 좀처럼 없겠지만- 잠재의식은 정확하지 않은 답을 주기보다는 질문에 대답하고 싶지 않다는 신호를 택할 것이다.

잠재의식은 반드시 어떤 일에 대한 정보가 있는 경우에만 정확하게 대답할 수 있다. 자신의 장래의 여러 가지 일들을 잠재의식에게 물어 그야말로 천리안의 역할을 시키고자 하는 사람도 더러 있는데, 한 예로 경마에서 어느 말이 이길 것인가를 잠재의식에게 물어보아 큰 손해를 본 사람도 있었다.

초심리학의 경우, 잠재의식이 미래에 대해 대답할 수 있다고 주장하는 학자도 있다. 그러나 이에 대해 오늘날까지 아직 과학적으로 확고히 증명된 바는 없다.

'관념운동 응답법'으로 잃어버린 물건의 그 장소를 찾는 일이 가능하다. 이것 역시 반드시 잠재의식이 "그 잃어버린 물건에 대한 정보나 지식"을 갖고 있어야 한다는 것이 전제가 되어야 한다.

또, 어떤 일을 하는데 있어서 두 개 이상의 선택권이 있으며, 어느 것을 선택해야 좋을지 확실하지 않을 때도 '관념운동 응답법'을 사용하는 경우가 있다.

잠재의식에 내장되어 있는 기억은 의식의 세계에서 생각해 내는 것보다는 훨씬 방대하므로 최선의 답을 얻어낼 수 있는 것이다.

그러나 잠재의식에서 정보를 쉽게 얻을 수 있다는 것을 알고 너무 거기에 치중하게 되면 자칫 극단으로 치닫기 쉽기 때문에 위에 말한 경마의 예처럼 이 방법을 잘못 응용하는 사례들이 있기도 하다.

예를 하나 더 들어보자. 어느 여성이 잠재의식에게 자기의 남편이 외도를 하느냐는 질문을 했다. 물론 잠재의식은 그런 것을 알고 있을 리가 없고, 그 어떤 정보도 갖고 있지 않지만, 뭔가 대답하지 않으면 안 된다고 생각한 것인지, "예"라는 대답이 나왔다. 이 답은 잠재의식이 한 것이 아니라 남편이 외도를 하고 있다고 확신하는 그녀의 마음이 한 것이다. 그녀의 남편은 아내의 질투심이 너무 심하다고 호소하면서 자신은 외도를 한 적이 결코 없다고 단언했다. 결국 두 사람은 이혼의 위기로 치달았다.

잠재의식에 확실하게 정보를 갖고 있지 않은 질문에 대해서는 결코 정확한 대답을 얻어낼 수 없으며, 자신이 확신했던 것, 틀림없다고 믿었던 것과 전혀 다른 대답을 얻을 수도 있다. 그러나 확실한 정보가 있는 한 잠재의식의 대답은 십중팔구 정확하다.

관념운동의 동작은 결코 마술적인 것도 신비적인 것도 아니다. 잠재의식은 끊임없이 근육의 움직임을 조절하고 있다. 호흡이 그 좋은 예이다. 숨 쉬는 것을 의식하지 않아도 우리는 숨을 쉰다.

또, 우리가 걷고 있을 때 걷는다는 동작과 관련된 여러 가지 근육이 어떤 식으로 움직이는가를 의식하고 있는가?

물론 어렸을 때에는 어떻게든 걸음마를 배우지 않으면 안 되고, 처음에 의식적인 노력을 들여 걸음마를 하는 동안에는 몇 번이고 몇 번이고 넘어진다. 그러나 걸음마가 익숙해진 뒤에는 모든 것들이 잠재의식에 입력돼 의식하지 않아도 걷게 된다.

따라서 잠재의식으로 하여금 당신의 손가락을 움직이거나 진자를 흔들리게 하는 것도 매우 쉬운 일인 것이다.

Wolfgang Amadeus Mozart

천재가 되는 비밀 **공부의 기술** 6

브레인컨트롤

1) 브레인컨트롤의 과학

마인드컨트롤은 브레인컨트롤(brain control)을 의미한다. 마음의 근원은 바로 뇌이기 때문이다.

뇌의 활동은 뇌파의 변화로 인식할 수가 있으며, 뇌파는 뇌의 변화를 전기, 전자적 진동과 파형으로 파악하고자 하는 기술적 개념으로, 뇌파에 주목하는 이유는 일반의식과 잠재의식을 물리적인 방식으로 구별해 표현할 수 있기 때문이다.

뇌파 변화에 따라 측정할 수 있는 뇌파에는 알파(α)파, 베타(β)파, 세타(θ)파, 델타(δ)파가 있으며, 마인드컨트롤에서는 그 가운데서 알파파와 세타파를 중요하게 여긴다.

α파는 7-14헤르츠(Hertz: Hz, 1초 동안에 7-14회의 진동)라고 하며 일반의식과 잠재의식이 가장 조화롭게 활성화된 상태로 총체적 사고활동, 육감이나 아이디어 등 창조적 사고활동이 가장 잘 이루어지는 정신집중도를 보이는 뇌파현상이다.

β파는 α파보다 높은 진동수의 영역을 모두 일컫는 뇌파현상으로 일반의식의 상태에서 일반적인 활동 상태나 복잡한 계산, 외부적 상황에 대응하는 긴장상태 등에서 발생된다.

θ파는 4-7헤르츠로 구별하며 이는 졸음이 오는 상태의 뇌파현상으로 일반의식은 극도로 좁혀지고 잠재의식은 넓게 펼쳐져 활성화된 상태이며, 잠재의식의 정보를 열람하고 정보를 더하거나 경우에 따라 정보를 삭제해 버리는 일들을 할 수가 있다.

δ파는 0.4-4헤르츠이며 완전히 잠들어 버린 상태의 뇌파현상이다. 뇌파현상이 나타나지 않는다는 것은 죽은 상태라고 표현할 수 있다.

러닝 마인드컨트롤에서는 평상시의 β파에서 α파를 유도하여 자신의 마음을 컨트롤하여 스스로 학습할 수 있고, 또 θ파를 유도하여 학습하는 방법을 공부하도록 도와줌은 물론 더 나아가 여러 가지 질병도 치료할 수가 있다.

SENSORY WORLD	BRAIN WAVES	MIND LEVELS		
PHYSICAL WORLD Sense Projection 　　　　Sight 　　　　Sound 　　　　Smell 　　　　Taste 　　　　Touch Time Space	β Wave (14-30 Hz) 14Hz	Awake	ACTION	Conscious Level
Non Time Space SPIRITUAL WORLD Effective Sensory 　Projection	α Wave (7-14 Hz) 7Hz	Sleep	THOUGHT Meditation levels for	Subconscious Level
	θ Wave (4-7 Hz) 4Hz	like	mind control Hypnosis	
Non Time Space	δ Wave (0.5-4 Hz) 0.5Hz	Deep Sleep	Sleep	

그림 6-1. 뇌파에 있어서 마음의 수준

스스로의 마음을 컨트롤하는 단계의 α파는 다시 세 단계로 나눌 수가 있는데, 잠들기 전이나 깨어나기 직전에 정신은 흐릿한 듯 하나 의식은 있는 시점의 주파수인 7-8헤르츠의 단계가 "slow α"이다.

이 단계에서는 정신력을 충전하는 효과와 아울러, 현실과 연관 있는 장면들이 꿈결처럼 떠오르는 등의 체험이 이루어지는데 이는 잠재의식이 자연스럽게 각성의식과 합쳐져 있는 상태이기 때문이다.

다음은 마인드컨트롤 상태에서 발생하는 9-11헤르츠의 단계로 "mid α"라 구별한다.

이 단계에서는 아이디어 착상이나 기억의 회상, 육감

등의 잠재의식의 발휘가 잘 이루어 질 수 있는 상태로 작업이나 스포츠 활동에서도 최고조의 기량을 발휘할 수 있는 단계이다.

세 번째 단계는 "quick α"의 단계이다. 책을 보거나 암산을 하는 등 기능적으로 고도의 집중을 보이는 상태에서는 주파수가 12-14헤르츠로 높아지는데 이를 "quick α"라 하며 잠재의식이 자연스럽게 발휘되는 사람의 경우 특수한 정신적 능력을 발휘하게 된다.

α파는 일반의식과 잠재의식이 서로 문이 열리듯 잘 소통이 이루어지는 상태의 현상이다. 따라서 마인드컨트롤 상태에서의 뇌파는 "mid α wave"가 그 전형이다.

주위에는 잠재의식이나 α파를 몰라도 자연스럽게 생활 속에서 잠재의식의 수준인 α파를 발산하면서 어렵고 복잡한 문제들을 해결해 내는 사람들이 적지 않다.

불쾌한 일을 당하고도 빠른 시간 내에 정상을 되찾는 사람, 어떠한 상황이나 장면에서도 감이 빠르게 작용하는 사람, 꿈을 잘 꾸고 꿈과 현실을 잘 연관지어 생각하는 사람, 상상을 즐기며 새로운 발상을 잘 떠올리는 사람, 기상천외한 방법으로 위기를 잘 모면하는 사람, 불가능이라 여겨지는 일을 보란 듯이 해결해 내는 사람들이 바로 이와 같은 사람들이다.

β파가 발생되는 일반의식 상태는 α파가 발생되는 순간들에 비해 창조성의 발휘가 원활하지 않음을 나타낸

다고 할 수 있으나 그렇다고 해서 β파의 발생이 부정적인 것만은 아니다.

물질세계에 대응하는 여러 의식 차원에서 β파 역시 자연스러운 의식 활동의 소산인 것이다. 중요한 것은 뇌파란 인간의식의 변화 상태를 나타내는 최소한의 물리적 표현이라는 점이다.

뇌파의 진원지는 우리의 의식이다. 러닝 마인드컨트롤을 배우는 우리의 목적은 잠재의식의 α파가 휘날리도록 신나는 학습활동을 해 나가는데 있다.

자신의 학습 욕구를 잠재의식에 심는 가장 효과적인 방법이 러닝 마인드컨트롤이다. 마인드컨트롤에 의한 이매지네이션(imagination)은 언어 이전의 언어이며, 우주의 공용어이며, 무엇보다 잠재의식과 일반의식의 소통에 필수적인 마음의 언어인 것이다. 항상 이매지네이션 곧 "마음의 영상"을 그리는 것을 습관들여야 한다.

이러한 이매지네이션은 매우 자연스러운 현상이기도 하다.

문득 누군가가 보고 싶은 사람이 떠올랐다면 그것은 문자화된 기억이 아니라 바로 그 사람의 모습이나 행동, 그리고 그에 대한 자신의 감정 등이 영상을 이루며 솟아나게 된다.

또 자신의 경험을 이야기하려고 할 때, 먼저 기억을 회상하게 되는데 이러한 것이 모두 마음의 영상으로 재현

되어지는 것이다.

이런 마음의 영상을 발전시켜 우리 개인의 삶에 보다 긍정적으로 사용하자는 것이 바로 러닝 마인드컨트롤이다.

마음의 영상, 이매지네이션은 경우에 따라 문자화된 언어로부터 출발할 수밖에 없는 경우에는 문자를 시각적으로 영상화하여 활용한다.

예를 들면 아침에 일어나는 시간을 잠재의식에 암시하는 방법이다. 잠자리에 들면서 "나는 내일 아침 6시에 일어난다. 몸이 아주 가볍고 기분이 상쾌해진다"라고 암시할 경우, "시계의 바늘이 6시를 가리키고 있는 장면을 그리고, 상쾌하게 일어나는 자신의 모습을 마음속에 그린다." 그러면 틀림없이 아침 6시에 정확히 눈이 떠지고, 몸도 마음도 상쾌하다.

이 같은 간단한 암시로 기분 좋게 하루를 시작해 즐겁게 보낼 수 있다.

담배를 끊고자 "금연"이라는 단어를 써붙여 놓고 다짐해도 얼마 못가 흐지부지되는 경우가 많다.

이때에도 "나는 담배를 피우지 않는다. 나는 더욱 건강해진다"라고 암시를 하면서 동시에 금연이라는 단어를 마음에 그리고, 금연으로 인해 얻어질 성과들을 영상으로 떠올린다.

기침과 가래가 없어져 목과 가슴이 시원해진 느낌, 입

맛이 살아나고 윤기가 흐르는 얼굴, 맑아진 머리, 솟아나는 활력 등 이보다 더 좋을 수 없다는 기분으로 영상을 떠올린다.

회사에서 잦은 기계고장이나 제품의 높은 불량률로 애를 먹는 경우도 잠재의식의 활동으로 개선할 수 있다.

이는 기계를 철 구조물이나 전자장치 따위의 무생물이 아닌 인격을 갖춘 생명체라는 인식의 전환이 필요하며, 이 인식의 전환은 업무의 경험을 통해 자연스럽게 익숙해질 수 있다.

우습게 느껴지겠지만, 이러한 과정에서 장치의 결함이나 문제들에 대해 보다 빨리 감을 잡게 된다.

더 익숙해지면 소프트웨어를 포함한 기계장치와 성능이 자신과 하나로 일체화되어 서로의 상태변화에 따른 예민한 반응들을 느낄 수 있게 된다.

이러한 일체화 상태에서는 인간과 기계라는 구별은 사라지고 자신의 생명적 존재가 확장된 것처럼 느껴지게 된다.

흡사 검과 검객이 일체화되는 경지와 같은 이치이며 이는 매우 바람직한 작업방식인 것이다.

한국 양궁선수단이 이매지네이션으로 훈련하여 세계 정상에 오른 일도 잠재의식의 발휘를 통한 능력의 극대화이며 이는 이제 체육인의 경쟁적 생존의 필수 훈련과정처럼 되었다.

영업사원교육에서 필수적으로 다루어지는 것이 또한 이매지네이션이다. 고객방문에 앞서 미리 계약이 원만히 이루어지는 장면을 마음의 영상으로 체험하면 그 계약은 성공적으로 성사되는 것이다.

마주 대하기 어렵고 곤란한 사람들과 피할 수 없는 접촉을 앞두고 있다면 이와 같은 이매지네이션을 통해 원하는 결과를 유도할 수 있다.

자신의 개성을 창조하거나 성격개조에 있어서 이매지네이션은 그 어떤 지옥훈련보다 높은 효과를 기대할 수 있다.

몸가짐, 개성 등 자신이 원하는 자신의 모습을 정리한 후 이매지네이션을 시도하면 자신의 몸과 행동이 자신도 모르게 변화되어 진다.

경제적 향상을 목표하는 경우에도 마음의 이매지네이션은 매우 유용하다. 마음의 영상이 잠재의식에 깊이 뿌리를 내리면 내릴수록, 자신의 생활 모든 분야에서 그것을 현실화하는 방향으로 전개된다.

자신의 욕구실현에 지장을 주는 행동이나 일에 대해서는 무의식적인 거부반응이 일어나 불필요한 힘의 낭비를 줄이게 되고, 스쳐 지나가는 바람 한 조각에서조차 자신의 욕구실현과 관련 있는 것은 놓치지 않게 되며, 주위 사람들의 마음을 움직일 수 있는 힘이 발휘되어 필요한 도움이나 기운들을 모아들이게 된다.

무엇인가 일이 손에 잘 잡히지 않거나, 무엇을 해야 할지 막연하고 갑갑하기만 할 때, 끝 모를 불안이나 우울증 등에 시달릴 때에도 마음의 이매지네이션은 궁지에서 벗어나게 해주는 일등공신이다.

우울함, 답답함, 고통, 시련 등에 맞추어져 있는 의식의 초점을 밝고 힘이 솟아나는 영역으로 돌려놓는 데에 있어서 마인드컨트롤의 이매지네이션이 마력처럼 작용되는 것이다.

자신이 되고 싶은 인물, 자신이 얻고자 하는 것, 그 어떤 욕구라도 그것이 참된 욕구라면 마인드컨트롤의 이매지네이션을 통해 잠재의식에 뿌리내리게 할 수 있으며, 잠재의식에 의해 받아들여진 참된 욕구는 현실화의 과정을 밟게 된다.

한 사람의 운명은 지금 그 사람이 그리고 있는 이매지네이션에 의해 현실에서 실제로 만들어져 가고 있는 것이다.

안정된 러닝 마인드컨트롤을 위해서는 우선 부드러운 채광의 조용한 방을 선택하는 것이 좋다. 자세는 눕거나 편안히 앉아도 좋다. 안경을 벗고, 벨트나 넥타이, 시계 등을 느슨하게 하거나 벗어 옆에 놓는다. 특히 셀룰러폰은 꺼놓는 것이 좋다. 전화기의 벨 소리도 나지 않도록 조치하는 것이 필요하다.

2) 깊은 최면을 유도하는 기술- 6단계

이는 1832년 베를린대학의 Luther와 Schultz 교수가 만들었다. 이 6단계는 일반의식을 지나쳐서 깊은 최면 속으로 들어가게 하는 탁월한 유도 기술이다.

일반의식의 수준

제1단계: "팔이 무겁다My arms are very heavy"
　　　　 얼굴이 붉어지는 공포, 말더듬이, 냉정한 판단력,
　　　　 불면증에 특효

제2단계: "팔이 따뜻하다My arms are very warm"
　　　　 ① +노이로제, 손 발 트는 것, 미용, 자반현상, 자신
　　　　　　감상실, 서경에 특효

제3단계: "심장이 조용히 박동하고 있다My heart palpitates very quietly"
　　　　 화날 때, 끈기와 인내력의 향상

제4단계: "호흡이 편하다My breath is very comfortable"
　　　　 금주, 금연, 교통체증, 식욕 감소 스트레스 제거

제5단계: "복부가(태양신경총이) 따뜻하다My stomach is very warm"

각종 소화기병, 냉감증, 정력저하, 조루, 발기불능의 치료

⬇

제6단계: "이마가 시원하다My forehead is very cool"

긴장해소, 불안해방, 냉정한 판단력의 증대

⬇

잠재의식의 수준

위의 각 단계의 유도 요령은 다음 7장~12장에서 자세히 기술하고자 한다.

천재가 되는 비밀 *공부의 기술* **7**

마인드컨트롤 제1단계의 실제

1) 마인드컨트롤 제1단계의 암시법

 편안히 앉아서 눈을 감고 깊은 심호흡을 3번 한다. 숨을 들이마실 때는 우주의 에너지가 내 몸에 들어오고, 내쉴 때는 내 몸과 마음속의 모든 스트레스가 빠져나간다고 생각한다. 그런 다음 양팔을 밑으로 내린다. 팔에 아주 무거운 쇳덩이가 들려져 있다고 상상한다.
 최면은 언어에 의한 암시이며 상상이다. 마인드 컨트롤 1단계는 아주 무거운 쇳덩이가 나의 오른팔과 왼팔에 들려 있다고 상상하면서 동시에 "나의 두 팔은 쇳덩이처럼 무겁다"라는 뜻의 문장을 반복 암시하여 팔과 팔 주위의 근육들을 즉시 이완시키는 단계로서 눈을 감고 다섯 가지의 서로 다른 문장을 각각 열 번씩 반복하여 암시하는데, 각 문장을 끝낼 때마다 "모든 것은 정상이다."라는 문장을 세 번씩 반복하여 다음과 같이 암시한다.

① "오른팔이 무겁다"를 10회 반복한다. 그리고 "모두가 정상이다"를 3회 반복한다.
② "왼팔이 무겁다"를 10회 반복한다. 그리고 "모두가 정상이다"를 3회 반복한다.
③ "오른팔이 매우 무겁다"를 10회 반복한다. 그리고 "모두가 정상이다"를 3회 반복한다.
④ "왼팔이 매우 무겁다"를 10회 반복한다. 그리고 "모두가 정상이다"를 3회 반복한다.
⑤ "양팔이 쇳덩이처럼 매우 무겁다"를 10회 반복한다. 그리고 "모두가 정상이다"를 3회 반복한다.

이때 오른팔과 왼팔이 밑으로 완전히 가라앉으면서 양팔이 매우 무거워지는 느낌이 들기 시작한다.

무거워진다고 하는 느낌은 통상적으로 느끼는 무거운 느낌도 포함되지만 힘이 쭉 빠져 버린듯한 느낌이 드는데, 오른팔과 왼팔이 모두 힘이 빠진 것 같은 상태로 느껴진다.

또 오른팔과 왼팔에 찌릿찌릿하게 전기가 오는 느낌을 느끼는 경우도 있다. 이런 느낌도 마찬가지로 양팔이 매우 무거워진 느낌과 똑같은 것이다.

"이제 나의 오른팔은 어깨에서부터 손가락 끝까지 축 늘어지면서 매우 무거운 느낌이 들기 시작한다. 왼팔도 왼팔 어깨에서부터 손가락 끝까지 모든 것이 축 가라앉으면서 매우 무거운 느낌이 든다. 너무나 무겁기 때문에 오른팔과 왼팔이 나의 몸에 붙어 있는지 안 붙어 있는지 모를 정도로 감각이 없다. 나는 점점 깊은 최면 속으로 들어가면서 마음은 편안해지고, 점점 졸음이 오기 시작한다. 졸린다."라고 암시를 한다.

이렇게 암시를 반복하는 동안 양팔은 매우 무거워지고, 어깨에서부터 손가락 끝까지 축 늘어지는 느낌을 느끼게 된다.

이 암시를 할 때 중요한 것은 눈을 감고 팔에 쇳덩이가 들려 있어서 정말로 무겁다고 '상상하면서' 해야 하고, 암시는 문장을 말하는 것이 아니라 단지 '생각만 하면' 된다. 말을 하거나 입술을 움직일 필요가 없다.

이 1단계를 수시로 연습한다. 혼자 있을 때, 잠깐 쉴 때, 그리고 잠들기 직전, 등등의 시간에 무거운 팔과 축 늘어진 근육들을 상상하면서, 마음속으로, 생각으로 암시를 계속한다.

어느 순간에 양팔이 너무 무거워서 아래로 축 늘어짐을 느끼게 되면, 또는 그러면서 졸음도 오게 되면 러닝마인드컨트롤 제1단계는 성공한 것이다.

더욱 연습을 하면 각 문장을 한 번씩만 암시해도, 생

각만 해도 팔이 축 늘어지게 된다. 그런 후에 다시 각성상태로 돌아올 때는 다음과 같이 암시한다.

"자, 하나에서 다섯을 세면 나는 각성상태로 돌아간다. 하나, 둘, 셋, 유쾌하고 상쾌한 각성상태로 돌아간다. 넷, 다섯!"

그리고, 천천히 눈을 뜬 후, 깊은 심호흡을 3번 한다.

마인드컨트롤 제1단계에 의한 "팔이 무거워지는 상태"는 근육이 가장 자연스럽게 휴식하고 있는 상태이므로 이러한 이완상태에서는 상쾌한 느낌을 갖게 된다.

무거워진 팔(컨트롤된 팔)에서는 가벼운 정상의 팔보다 근육 내의 전기 활동이 많이 감소한다. 근육 내의 전기활동, 전기방전이 감소되면 뇌로 향하는 자극의 빈도가 줄어들며, 그만큼 뇌가 받는 자극의 부담이 가벼워진다. 따라서 뇌는 긴장을 풀고 이완되어진다.

따라서 마인드컨트롤 제1단계는 팔 근육의 긴장을 이완시킴으로써 뇌에 이상적인 자연의 휴식을 주며 지나치게 긴장하는 신경, 불안정한 정신 상태를 아주 편안한 상태로 환원시켜 준다.

이러한 긴장 이완이 사지와 온몸에 이르게 되면 뇌로 가는 자극이 더 한층 가벼워진다. 그럼으로써 뇌를 이완시키고 나아가서는 "과도의 긴장=머리의 혼란"이라는 악순환을 단절시켜 준다.

따라서 마인드컨트롤 제1단계는 마음의 안정을 잃었을 때 일어나는 '잘 당황한다.', '얼굴이 이내 빨개진다.', '말을 더듬는다.'는 등의 정신장애 증상에 특히 효과가 있다.

당황하는 버릇은 자기의 재능을 제대로 발휘하지 못하게 한다. 이것은 뇌가 어떤 자극에 대해 지나치게 예민해지고, 긴장하여 일시적 착란 상태에 빠지는 것이라 할 수 있다. 이런 당혹스러운 상황에서 "팔이 무겁다"라고 암시하면 곧 마음의 안정을 되찾을 수 있다.

마인드컨트롤 제1단계에서 이뤄지는 좋은 효과는 다음과 같다.

2) 얼굴이 붉어지는 공포와 말더듬에 효과가 있다.

얼굴이 붉어지지 않으려 노력하면 할수록 더 긴장되고, 얼굴도 더욱 붉어진다.

말을 더듬지 않으려 하면 할수록, 혀는 더 굳어지고 말을 더듬는 증상이 더욱 심해진다.

이때 러닝 마인드컨트롤 제1단계를 암시한다. "팔이 무겁다. 팔이 무겁다. 양팔이 천근만근 무겁다. 모든 근육의 긴장이 풀린다. 마음의 긴장이 풀린다."

근육의 긴장을 푸는 것은 곧 마음의 긴장을 푸는 것이다.

어떤 공포가 관계나 업무 등에 방해만 되지 않는다면 치료할 필요는 없다.

그러나 공포가 어느 정도를 넘어 강박감을 주거나, 매사를 힘들게 하거나, 가족에게 영향을 주거나 하는 등등의 육체적, 정신적으로 좋지 않은 영향을 준다면 치료를 받아야 한다.

공포는 다음 다섯 가지 원인 중의 하나에서 오는 경우가 대부분이다.

첫째, 스트레스가 오랜 시간에 걸쳐 일어나면 그것이 다른 형태, 즉 비합리적인 공포로 표면에 나타난다. 즉 특별한 물건, 장소, 혹은 어떤 상황과 관련된 엄청난 스트레스를 경험했을 경우 이는 다른 물건, 장소, 혹은 상황에 대한 공포로 발전할 수 있다.

둘째, 자신의 수행 능력, 혹은 특정한 사회적 상황과 관련된 공포가 있다. 예를 들어, 학업성적이나 일의 성과를 반드시 올려야만 한다는 압박감이 계속되면 이것이 두려움의 상태로 발전되고 이 두려움이 축적되어 그것에 비례하는 또 다른 공포를 유발시킬 수 있다.

셋째, '우리가 두려워할 것은 두려움 그 자체뿐이다.'라는 말처럼 두려워해야할 아무런 이유가 없는데도 불구하고, 두려움이라는 그 자체 때문에 생기는 공포가 있다.

만일 학업성적에 대한 강박감이 너무 심해서 '성적'이란 단어만 떠올려도 심한 두려움을 갖게 된다면 그것이 바로 공포에 해당되며, 그런 공포는 그 어떤 것과도 관련이 있을 수 있다.

넷째, '전이'에서 오는 공포가 있는데, 이는 강요된 공포이다. 예를 들면, 자라면서 아버지가 천둥에 놀라는 모습을 보아 온 아들이 역시 천둥에 대하여 같은 방법으로 반응하는 경우가 그것이다.

다섯째, 과거의 고통스러운 어떤 경험은 그 경험을 초래한 같은 상황, 대상, 사람, 혹은 장소에 대하여 공포를 만들어 낸다. 그것은 의식적일 수도 있고, 잠재의식적일 수도 있다.

공포의 형태가 어떤 것이든 그 두려움을 제거하는 데는 몇 가지 방법이 있다.

하나는 공포의 원인을 알아내고 이를 제거하는 방법이다.

두 번째 방법은 공포에 대항하는 방법이다. 위의 두 가지 방법은 마음치료전문의의 도움을 받아야 한다.

세 번째 방법은 자신감의 증대이다. 이는 스스로 할 수 있다. 제1단계의 암시로 팔이 무겁게 되었을 때 덧붙여 이렇게 암시한다.

"나는 공포와 얼굴을 맞대고 있다. 나는 편안하다. 이제 공포가 나에게서 힘과 중요성을 잃었기 때문에 나는 미소짓고 있다. 나는 더 이상 그것을 필요로 하지 않으며, 더 이상 그것을 원하지도 않는다. 나는 자신 있다. 나는 어떤 것과도 대적할 수 있다. 나는 엄청난 내적인 힘을 가지고 있다. 나는 언제나 격동하는 힘의 생성을 느낀다. 나는 자신 있다."

3) 공부하는 학생들에게 근성을 길러준다.

공부나 스포츠에서 마음의 안정의 상실은 치명적인 장애가 된다. 공부는 끈기 있게 해 나가야 하고, 스포츠는 어느 한 순간에 승부가 판가름 나기 때문에 한 순간에 자신이 가지고 있는 모든 힘을 발휘해야 한다. 이때 다음과 같이 암시한다.

"팔이 무겁다. 팔이 무겁다. 양팔이 천근만근 무겁다. 나는 끈기가 있다. 나는 냉정하다. 그래서 최적의 판단을 내릴 수 있다."

끈기와 마음의 냉정함 그리고 한 순간의 판단력을 향상시키는 데는 마인드컨트롤 제1단계가 매우 유용하다.

4) 불면증에 특효하다.

언제 어디서나 잠을 잘 잘 수 있다는 것은 행복이며 피로를 회복하고 다음의 공부를 준비하는데 꼭 필요하다. 잠을 못자는 것은 외부로부터의 여러 가지 스트레스가 잠을 관장하는 중추부인 뇌간망부활계를 자극하기 때문인데 러닝 마인드컨트롤 제1단계의 "팔이 무겁다"의 훈련은 근육의 긴장을 풀어주고 근육으로부터 "뇌간망부활계"에 이르는 스트레스정보를 경감시키거나 차단시키는 생리적인 작용을 한다. 즉 수면을 관장하는 중추부의 흥분을 간접적으로 진정시키므로 "잠이 잘 들게 되는 것"이다. 그래서 마인드컨트롤 제1단계는 "불면증의 특효약"이라고도 한다.

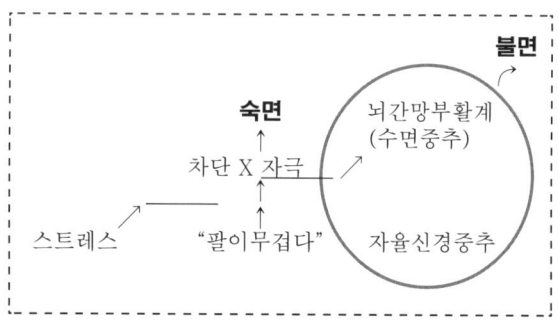

그림 7-1. 불면증과 마인드컨트롤의 작용 과정

불면증에는 두 종류가 있다. 주로 문제가 되는 것은 잠자리에 들어도 이내 잠들지 못하는 경우이다. 다른 하나는 잠드는 데에는 문제가 없지만 한 밤중이나 새벽녘에 잠에서 깨어나 그 이후로는 잠을 잘 수가 없는 경우이다. 두 가지 유형을 모두 가진 사람도 있다. 불면증은 대체로 잠드는 데 방해가 되는 나쁜 습관이 생기고, 그것이 계속되다 보니 결국 불면증으로 발전되는 경우가 많지만, 때로는 깊이 뿌리내린 노이로제 증상인 경우도 있다. 이런 불면증을 없애는 데에도 역시 마음치료가 필요하다. 단지 습관적인 경우에는 전문가의 도움 없이도 셀프 마인드컨트롤로 쉽게 잠들 수 있다. 불면증 컨트롤은 다음과 같이 한다.

제1단계의 암시로 팔이 무겁게 되었을 때 덧붙여 이렇게 암시한다. "나는 이내 잠들 수 없어도 별것 아니다. 아무런 상관이 없다. 아무튼 몸은 편히 쉴 수 있으니까." 그리고 즐거웠던 일을 생각한다. 그리고 이렇게 암시한다. "이제 나는 단지 2-3분쯤 지나면 아주 기분 좋게 잠들며 밤새 푹 잘 수 있다." 이 암시를 3회 반복한다. 그리고 계속 다음과 같이 숫자를 세며 "팔이 무겁다"는 암시를 한다. "백 팔이 무겁다, 아흔아홉 기분이 좋다, 아흔여덟 깊은 잠에 빠진다, 아흔일곱 깊이 잠든다, 아흔여섯 점점 팔이 무거워 진다. 아흔다섯 팔이 더욱 무겁다……" 그리고 잠든다.

천재가 되는 비밀 **공부의 기술** 8

마인드컨트롤 제2단계의 실제

1) 마인드컨트롤 제2단계의 암시법

편안히 앉아서 눈을 감고 깊은 심호흡을 3번 한다. 숨을 들이마실 때는 우주의 에너지가 내 몸에 들어오고, 내쉴 때는 내 몸과 마음속의 모든 스트레스가 빠져나간다고 생각한다.

그런 다음 양팔을 밑으로 내린다. 팔에는 아주 무거운 쇳덩이가 매달려있다고 상상한다. 최면은 언어에 의한 암시이며 상상이다. 아주 무거운 쇳덩이가 나의 오른팔과 왼팔에 매달려있다고 상상하면서, "나의 두 팔은 쇳덩이처럼 무겁다"라고 생각한다. 오른팔도 무겁고 왼팔도 아주, 아주 무겁다는 생각만 해도 두 팔이 밑으로 축 늘어지면서 두 팔이 무거워짐을 느낄 수가 있다.

이제 앞에 커다란 가마솥이 있다고 상상한다. 그 커다란 가마솥에는 따뜻한 물이 가득 들어 있고, 김이 무럭무럭 솟아나고 있다. 아주 커다란 흰색의 수건 두 장을 김이 무럭무럭 솟아나고 있는 가마솥의 따뜻한 물속에 담근다. 김은 계속 솟아 나오고 있다. 매우 따뜻해진 수건을 꺼내 충분히 물기가 젖어있다 싶을 정도로 짜서 한 장씩의 수건을 각각 오른쪽 어깨에서 손목까지, 왼쪽 어깨에서 손목까지 완전히 덮는다.

 후끈후끈하게 느껴지는 수건의 열이 어깨에서 손목까지 따뜻하게 데우고 있다고 상상하면서 "나의 팔은 아주 따뜻하다"라는 뜻의 다섯 문장을 각각 열 번씩 반복하여 암시하는데, 한 문장의 끝마다 "모든 것은 정상이다."라는 문장을 세 번씩 반복해 덧붙인다. 암시는 다음과 같다.

① "오른팔이 따뜻하다"를 10회 반복한다. 그리고 "모두가 정상이다"를 3회 반복한다.
② "왼팔이 따뜻하다"를 10회 반복한다. 그리고 "모두가 정상이다"를 3회 반복한다.
③ "오른팔이 매우 따뜻하다"를 10회 반복한다. 그리고 "모두가 정상이다"를 3회 반복한다.
④ "왼팔이 매우 따뜻하다"를 10회 반복한다. 그리고 "모두가 정상이다"를 3회 반복한다.

⑤ "양팔이 매우 따뜻하다"를 10회 반복한다. 그리고 "모두가 정상이다"를 3회 반복한다.

이때 오른팔과 왼팔이 후끈후끈하게 달아오르면서 매우 따뜻한 느낌이 들기 시작한다. 이렇게 암시한다.

"나는 점점 고요한 잠재의식 속에 깊이깊이 들어가면서 마음은 아주, 아주 편안하다. 나의 양팔은 매우 무겁다. 아주, 아주 무겁다. 양팔이 정말로 따뜻하다. 매우 따뜻하다. 나의 양팔을 덮고 있는 따뜻한 수건이 후끈후끈하게 계속 나의 두 팔을 데우고 있다. 나는 점점 깊은 최면 속으로 들어가면서 마음은 편안해지고 점점 졸음이 오기 시작한다. 졸린다."

암시를 반복하는 동안 양팔이 매우 무겁고 따뜻해지면서, 어깨부터 손가락 끝까지 축 늘어지는 느낌을 갖게 된다.

최면은 상상이다. 눈을 감고 팔에는 쇳덩이가 매달려 있어서 정말로 무거우며, 따뜻한 수건으로 덮여있어 따뜻해진 팔을 "상상하며" 암시하는데 소리 내어 말하지 않고 그저 "생각"만 한다.

이 암시를 수시로 연습한다. 혼자 있을 때, 쉴 때, 그리고 잠들기 직전에, 무겁고 축 늘어진 근육들과 따뜻해진 팔을 상상하면서, 마음속으로, 생각으로 암시를 계속한다. 어느 순간에 양팔이 매우 무겁고 따뜻함을 느끼게 되면서 졸음이 오게 되면 러닝 마인드컨트롤 제2단계는 성공한 것이다.

수련을 계속함에 따라 "팔이 무겁다. …, 팔이 따뜻하다. …"의 문장을 한 번씩만 생각해도 팔이 축 늘어지면서 매우 따뜻하게 된다.

각성상태로 돌아가는 유도의 암시는 다음과 같이 한다.

> "자, 하나에서 다섯을 세면 나는 각성상태로 돌아간다. 하나, 둘, 셋, 유쾌하고 상쾌한 각성상태로 돌아간다. 넷, 다섯!."

천천히 눈을 크게 뜬다. 그리고 깊은 심호흡을 3번 한다.

제2단계에서 "팔이 따뜻하다"의 암시 후 팔의 피부온도가 1-4.5℃ 상승한다는 보고가 있다.

단지 "따뜻하다"고 생각하는 것만으로 어떻게 실제로 온도가 오르는 것일까? 우리가 온도에 대해 느끼는 감각이 그때그때의 생각에 따라 다르게 느껴지는 것은 종종 경험하는 일이다.

인간은 말초에서부터 감각 자극을 받아들이느냐, 받

아들이지 않느냐, 받아들인다면 어느 정도로 받아들일 것인가를 조절할 수 있는 힘과 의지를 가지고 있다.

신경섬유의 중계점인 시냅스(synapse)는 외부로부터의 자극을 적절한 강도로 바꾸어 대뇌로 보낸다.

말단 감각 기관으로부터 대뇌에 이르기까지의 경로에는 이러한 시냅스가 여러 개 있다.

따라서 대뇌로 향하는 감각 자극은 그 중계점인 시냅스에서 점검되고, 적절하다고 인정된 자극만 대뇌에 이르러 온도의 실감을 준다.

실제로는 차가운 물이지만 뜨거운 물이라고 생각하며 손가락을 넣었을 때 한 순간 뜨겁게 느껴지는 것은 시냅스가 우리들의 의지에 의해 영향을 받는 증거이다.

즉 "팔이 따뜻하다"는 마인드컨트롤이 먼저 시냅스에 작용하고 다음에 따뜻하다는 자극을 뇌에 전달하여 느끼게 되는 것이다.

제2단계의 훈련에서 "팔이 따뜻하다"의 효과는 제1단계 "팔이 무겁다"는 암시와 동시에 이루어진다.

이는 팔의 긴장의 이완이 뇌에 대한 자극을 감소시키며, 마음에 안정감을 준다. 더욱이 팔의 온도가 오르기 때문에 말초혈관이 확장되고 이것이 뇌의 긴장완화를 한층 더 촉진시키는 작용을 하게 된다.

혈관이 수축하면 그것을 끊임없이 확장하려는 자극이 뇌로 보내지는데 그 자극이 바로 뇌를 피로하게 만드는 큰 요인이 된다.

그러나 제2단계의 훈련에서 말초혈관이 확장되면 뇌는 혈관을 넓히려는 자극을 받지 않아도 되기 때문에 뇌의 휴식이 이루어진다. 따라서 제2단계는 마음의 긴장을 풀고 안정감을 얻기 위해 한걸음 더 나아간 단계라 할 수 있다.

제2단계의 훈련도 역시, 제1단계 훈련의 효과 즉, "당황한다, 말을 더듬는다, 얼굴이 붉어진다." 등의 증상 치유나 완화에도 당연히 효과가 있고, 나아가 자신이 말하는 바와 행동하는 바에 대해 "자신감"을 갖게 도와준다.

또한 제2단계의 말초혈관이 확장되는 효과가 더해져서 몸 전체의 혈액 순환을 양호하게 해주며 피부의 신진대사를 왕성하게 해주므로 피부를 젊게 하는 효과도 있다. 제2단계가 이루어져 변화되는 효과는 다음과 같다.

2) 자신감의 회복에 효과가 있다.

재능은 다른 사람들보다 많은 데도 계속, "실패하지 않을까, 다른 사람들이 나에 대해서 나쁘게 말하지 않을까"하며 걱정을 하기 때문에 자신감을 갖지 못하는 경우가 많다.

어떤 일에 대해 머리가 꽉 차게 되면 그것만 생각하고

다른 것은 손에 잡히지가 않는다. "시험에 실패하면 어떡하지?"라는 걱정이 점점 커져 머릿속을 가득 메우게 되면, 아무리 공부해도 머릿속에 잘 들어오지 않는다.

특히 자신감이 없는 사람들은 "나는 능력이 없기 때문이다." 또는 "내 노력이 부족하기 때문이다." 라며 모든 것을 비관적으로 생각한다.

그렇게 되면 머리는 더욱 굳어지고 그 한가지 밖에 머리에 떠오르지 않게 되면서 악순환은 계속된다.

이러한 자신감 상실의 악순환을 단절하려면 우선, 마음의 평정을 되찾고 자기 자신을 편안하게 바라볼 필요가 있다.

이러한 자신감 상실의 회복에 마인드컨트롤 제2단계 암시인 "팔이 따뜻하다"가 특별히 효과가 있다.

특히 자신감은 성공을 위한 동기이며 가장 필요한 기본적인 감정이다.

자신감을 향상시키는 가장 좋은 방법은 깊은 최면 속에서 잠재의식을 재구성하는 것이다.

특별히 고려해야할 사항은 부정적인 사고를 제거하고, 긍정적으로 자신을 투영하며, 자신감과 자기수용을 증대시키고, 문제를 보는 시각을 긍정적으로 변화시키는 것이다.

부정적 사고의 제거는 자신을 나쁘고, 그릇되고, 서투르고, 우둔하다고 단정하는 판단을 지워버리는 것으로 다음과 같이 암시한다.

"칠판에 씌어있는 과거에 주어진 나에 대한 불쾌한 글들을 본다. 그리고 지우개를 들어 칠판 위의 그것들을 지운다. 하나씩 하나씩 지운다. 모두 지워버린다. 이제 그것들은 나에게 아무런 의미도 없다."

긍정적으로 자신을 투영하여 자존심을 키우는 유도는 다음과 같이 한다.

"사람들은 나를 좋은 친구로 본다. 그들은 나를 매우 좋은 사람으로 본다. 친구와 대화하고 있는 나 자신을 상상한다. 말이 쉽게 흘러나온다. 그들은 나의 말에 관심을 갖고 있다. 나를 주시하고 있으며, 나를 훌륭한 사람으로 인정하고 있다. 모든 것을 긍정적으로 생각하고 만족해하는 나 자신을 상상한다."

자신감과 자기 수용의 증대는 다음과 같이 유도한다.

"우뚝 서 있는 나 자신을, 현재의 나를 자랑스럽게 여기는 나를 상상한다. 나의 긍정적인 모든 측면 즉 창조력, 지성과 재능들을 생각한다. 나는 신념에 넘치고 매우 자신이 있다. 나는 나의 능력, 생각, 재능, 매력에 확신을 가지고 있다."

나의 문제를 바라보는 나의 시각과 반응을 긍정적으로 변화시킨다. "난 그것을 할 수 없다." "난 그것을 이해할 정도로 영리하지가 못하다." "난 그만한 힘이 없다." "나는 변화시킬 수가 없다." 등의 말을 절대로 하지 않는다. 다음과 같이 암시한다.

> "나는 그것을 할 수 있다." "나는 힘이 있다." "나는 그 일을 해낼 수 있다."

3) 필기경련, 손 떨림을 치유한다.

"팔이 따뜻하다"의 훈련은 컵을 드는 손이 떨리거나 글을 쓸 때 손이 떨리는 현상(hand tremor)에 매우 효과적이다. 그러한 증상에 효과적인 것은 "팔이 따뜻해짐"에 따라 말초 혈액 순환이 양호해지며 그것이 손가락의 작은 움직임을 멈추게 하고 바람직한 방향으로 작용하기 때문이다.

4) 피부를 윤기 있게 해준다.

"팔이 따뜻하다"의 암시는 "피부"와도 특별한 관계가 있다. "팔이 따뜻하다"의 훈련에서 말초 혈관이 확장되며 혈액 순환이 좋아지면 말초의 피부나 근육 등의 영양상태가 좋아지게 되고, 근육과 피부의 피로도 빨리 회복된다.

"오른팔이 따뜻하다. 왼팔이 따뜻하다. 양팔이 따뜻하다.
오른발이 따뜻하다. 왼발이 따뜻하다. 양발이 따뜻하다. 온
몸이 따뜻하다."

위와 같은 암시로 점차 따뜻한 느낌이 온몸으로 퍼져감에 따라 몸 전체의 피부 색깔과 윤기가 좋아지는 것이다.
특히, "팔이 따뜻하다"와 함께 "눈언저리가 따뜻하다"는 암시는 매우 효과적이다.

"눈 주위가 따뜻하다. 눈언저리가 따뜻하다. 눈 주위가
따뜻하다."

위의 암시를 반복하면, 눈 주위의 혈액순환이 좋아져서 눈가나 이마의 작은 주름이 사라지게 된다.

5) 혈액 순환 장애에 효과가 있다.

"팔이 따뜻하다"는 암시는 겨울철에 손이 트는 것과 얼굴에 붉은 반점이 생기는 자반 현상, 냉증, 추위를 잘 타는 등 혈액순환의 불량에서 오는 갖가지 장애에도 좋은 효과가 있다.

천재가 되는 비밀 **공부의 기술** 9

마인드컨트롤 3단계의 실제

1) 마인드컨트롤 제3단계의 암시법

 최면은 언어에 의한 암시이며 상상이다. 편안히 앉아서 눈을 감고 깊은 심호흡을 3번 한다. 숨을 들이마실 때는 우주의 평화와 행복이 내 몸속으로 들어오고, 내쉴 때는 내 마음속의 모든 근심과 걱정 그리고 스트레스를 모두 내보낸다고 생각한다.

 양팔을 밑으로 내린다. 아주 무거운 쇳덩이가 나의 오른팔과 왼팔에 매달려있다고 상상한다. 그래서 "나의 두 팔은 쇳덩이처럼 무겁다"라고 생각한다. 이제 팔이 무겁다는 생각만 해도 두 팔이 밑으로 축 늘어지면서 천근만근 무거워짐을 느낀다. 그리고 마음은 편안해 지면서 점점 깊은 최면 속으로 들어가게 된다.

계속해서 다음과 같이 상상한다. '나는 지금 깊은 산속에 있다. 하늘은 아주 맑고, 단풍들로 아름답게 물든 깊은 산 속에서 산들바람을 온몸으로 맞으면서 오솔길을 따라 걸어가고 있다. 참으로 상쾌하고 편안하며 기분이 좋다. 한곳에 김이 모락모락 솟아나는 것이 보여 그곳으로 발길을 돌린다. 아주 고즈넉한 곳에 따뜻한 물이 샘솟는 작은 온천이 있다. 아무도 없는, 나 혼자만 있는 아주 아름다운 산 속에서 온천을 발견한 나는 양쪽 손을 따뜻한 온천물에 담근다. 손가락에서부터 어깨죽지까지 양팔을 완전히 담근다. 아주 따끈따끈한 온천물이 나의 양팔을 매우 따뜻하게 만든다. 후끈후끈하게 느껴질 정도로 나의 양팔이 따뜻해졌다. 나의 양팔은 무겁고 매우 따뜻하다. 나는 더욱 깊은 최면 속으로 들어간다.

계속해서 상상을 이어간다. 아주 아름다운 산속에서 나는 각양각색의 아름다운 새들이 노래하는 소리를 듣는다. 상쾌하고 아름다운 산속 오솔길 한편에는 여러 색깔의 꽃들이 아름답게 피어 있고 또 다른 한편에는 흰 들국화무리가 탐스럽게 피어 있다. 골짜기에는 시냇물이 졸졸 흐르고 있는데 물이 수정처럼 맑아서 그 안에 있는 돌들이 환하게 비쳐 보이고, 헤엄치며 노는 물고기 떼들이 아주 뚜렷하게 보인다. 하늘에는 뭉게구름이 뭉게뭉게 떠 있다. 나는 아름다운 산 속에 들어와 마음이 아주 평화롭다.

이러한 아름다운 경치를 마음에 떠올리며 "나의 심장은 조용히 박동하고 있다"는 다섯 가지의 상이한 문장을 각각 열 번씩 반복 암시하는데, 한 문장의 끝마다 "모든 것은 정상이다."라는 문장을 세 번씩 반복하여 암시한다.

① "나의 심장은 조용히 박동하고 있다"를 10회 반복한다. 그리고 "모두가 정상이다"를 3회 반복한다.
② "나의 심장은 아주 조용히 박동하고 있다"를 10회 반복한다. 그리고 "모두가 정상이다"를 3회 반복한다.
③ "나의 심장은 아주, 아주 조용히 박동하고 있다"를 10회 반복한다. 그리고 "모두가 정상이다"를 3회 반복한다.
④ "나의 심장은 매우 조용히 박동하고 있다"를 10회 반복한다. 그리고 "모두가 정상이다"를 3회 반복한다.
⑤ "나의 심장은 매우, 매우 조용히 박동하고 있다"를 10회 반복한다. 그리고 "모두가 정상이다"를 3회 반복한다.

이때 나의 심장이 조용히 박동하고 있는 것을 느낀다. 심장이 천천히 아주 천천히 박동을 하고 있다. 팔이 매우 무겁다. 양팔이 축 늘어져 무거움을 느낀다. 양팔이 매우 따뜻하다. 심장이 조용히 박동하고 있다. 심장이 천천히, 아주 천천히 박동하고 있다.

  나는 점점 깊은 최면 속으로 들어가고 있다. 깊은 잠재의식 속으로 들어가면서 나의 마음은 평화스럽고 안락하며 완전히 이완되고 있다.

  암시를 반복하는 동안 양팔이 매우 무겁고 따뜻하고, 심장이 조용히 박동하고 있는 것을 느끼게 된다.

  최면은 상상이다. 팔에 쇳덩이가 매달려 있어서 정말로 무겁고, 따끈한 온천물로 따뜻해진 팔과 아름다운 산속에서 조용히 그리고 힘차게 박동하는 나의 심장을 "상상하며" 수시로 연습한다.

  쉴 때, 잠들기 직전에, 무겁고 축 늘어진 근육들과 따뜻해진 팔을 상상하고, 조용하지만 힘차게 박동하는 나의 심장을 상상하면서, 마음속으로, 생각으로 암시를 계속한다.

  어느 순간에 양팔이 너무 무겁고 따뜻함을 느끼고 심장이 힘차게, 조용히 박동하면서 졸음이 오게 되면 마인드컨트롤 제3단계는 성공한 것이다.

  수련을 계속함에 따라 "팔이 무겁다, 팔이 따뜻하다, 심장이 조용히 박동하고 있다"의 문장을 한번씩만 암시하여도 팔이 축 늘어지면서 매우 따뜻해지고 심장은 조용히, 힘차게 박동하게 된다.

  각성상태로 돌아갈 때는 다음처럼 암시한다.

"자, 하나에서 다섯을 세면 나는 각성상태로 돌아간다. 하나, 둘, 셋, 유쾌하고 상쾌한 각성상태로 돌아간다. 넷, 다섯!."

천천히 눈을 뜨면서 깊은 심호흡을 3번 한다.

마인드컨트롤 제3단계의 암시 중 우리의 심장의 움직임에는 어떤 변화가 일어나는가를 심전계를 사용하여 깊은 최면 상태에서의 심장의 생리적 변화를 분석해 볼 수 있다. 마인드컨트롤을 해본 적이 없는 보통 사람이 조용히 반듯하게 누워있을 때의 맥박 수는 매분 약 78번이다.

마인드컨트롤을 4주 정도 연습하면 최면 중 맥박수가 두드러지게 줄어들기 시작하는 것을 알 수 있다(그림 9-1의 B).

즉 "팔이 무겁고, 따뜻하다"의 제1단계와 제2단계의 암시에 의하여 점차 심장의 박동 수가 줄어들고 "심장이 조용히 박동하고 있다"는 제3단계의 암시로 심장이 깊은 최면 상태에 들어가면 맥박 수는 1분당 67회까지 줄어들고 있음이 보고되었다.

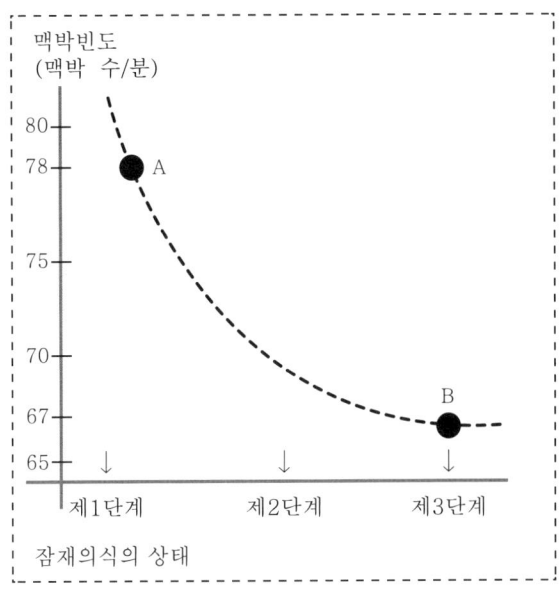

그림 9-1. 제3단계의 암시 중 맥박 수의 변화

 이와 같이 제3단계 "심장이 조용히 박동하고 있다"는 암시는 심장의 움직임마저 어느 정도까지 좌우할 수 있다.

 대개의 경우, 우리는 자신의 심장의 움직임을 의식하는 일은 별로 없다. 왜냐하면 심장은 다른 내장의 여러 기관과 마찬가지로 자유 의지로는 조절할 수가 없는 자율신경에 의해 움직이고 있기 때문이다.

이는 교감신경과 부교감신경으로 이루어져 있는데, 교감신경이 흥분하면 심장의 박동 수는 증가되고 강해진다. 이른바 가슴이 두근거리는 증상이 그것이다. 부교감신경이 흥분하면 박동 수가 줄어들고 심장의 활동은 저하된다. 심장의 작용은 주로 이 부교감신경에 의해 조절된다.

제3단계 "심장이 조용히 박동하고 있다"는 되도록 교감신경의 작용을 억제하고 부교감 신경을 흥분시키는 암시이다.

따라서 제3단계의 훈련은 심장과 더불어 위나, 장 등을 자연스럽게 휴식시키며 그들의 역할을 고르게 하는 데에도 도움이 된다.

그것은 위, 장, 기타 기관들이 우리들의 자유의지가 아닌 자율기능에 의해 움직이고 있기 때문이다.

마인드컨트롤 제3단계에서도 앞에서의 제1, 제2단계와 같은 생리적 변화, 근육과 뇌의 이완에서 오는 혈관의 확장들이 동시에 일어난다.

심장의 편안한 휴식은 그대로 정신의 이완으로 이어진다. 정신 특히 감정을 관장하는 뇌의 중추와 심장의 활동을 조절하는 자율신경 중추는 결국 표리일체를 이루고 있기 때문이다.

따라서 이 3단계의 암시는 특히 감정의 움직임을 일정하게 유지하는 데 도움이 된다.

누구에게나 경험이 있듯이 반드시 냉정해야 할 때, 머릿속으로 "나는 냉정하다"고 아무리 생각해 본들 냉정해지가 매우 어렵다. 그것은 우리 인간의 감정이 일단 폭발하기 시작하면 보통의 이성으로서는 브레이크를 걸 수가 없기 때문이다.

그러한 감정의 폭발을 효과적으로 억제하기 위해서는 머리에만 의존하지 말고 몸의 도움을 받는 것이 손쉽고 빠르며 확실하다.

이성(머리)으로는 좀처럼 제어하기 힘든 감정도 몸이 평안한 상태가 되면 저절로 누그러지는 것이다. 그러한 몸의 편안함은 마인드컨트롤에 의해서만 실현될 수 있다.

따라서 마인드컨트롤 제3단계 "심장이 조용히 박동하고 있다"의 훈련은 쉽게 감정적인 상태가 되기 쉬운 성격, 구체적으로 "화를 잘 내는 경우, 다른 사람들의 존재를 필요 이상으로 마음에 두며, 싸움을 잘하는 경향의 성격을 가진 사람"에게 뛰어난 효과가 있다.

또한 자동차를 운전하는 동안 나타날 수 있는 짜증과 사고능력 감퇴 등에도 효과가 있다.

제3단계가 이루어져 변화되는 효과는 다음과 같다.

2) 화내는 버릇에 효과가 있다.

짜증이 나거나 화가 날 때 마인드컨트롤 제3단계 "심장이 조용히 박동하고 있다"를 암시하면 마음이 차분해지고 남에 대한 배려와 이해심이 생긴다.

갑자기 기분이 나빠지고 감정의 조절이 잘 안 되며 화가 치밀어 오를 때 다음과 같이 암시한다.

"심장이 조용히 박동하고 있다. 나의 심장은 아주 조용히 박동하고 있다. 나는 편안하다. 나는 마음이 편안하다. 마음이 아주 편안하다. 주위의 어떠한 말이나 상황에도 나는 편안하다. 그리고 나의 심장은 조용히 박동하고 있다."

"Smith는 상당히 우수한 기술자이다. 작은 회사들을 전전하면서 독학으로 엔지니어 자격증을 취득했고, 27세에 소규모 회사에 들어가 2년 후 부장으로 발탁이 되었다.

그의 노력은 직장 안의 누구나 감탄하지 않을 수 없을 정도였다. 그 승진에 대해 회사 내의 어느 누구도 이의를 제기하지 않았다는 것이 그 증거이다.

그런데 관리자가 된 뒤에 Smith는 자신이 열심히 노력한 만큼 부장인 자신에게 업무상의 모든 책임이 있다고 생각하였다.

그래서 그는 그때부터 부하들의 사소한 실패나 태도 등에 바짝 신경을 곤두 세웠다. 게다가 그에게는 학력이 낮다는 열등감이 있어서 학력이 자신보다 높은 사람에게 화낼 수 없다는 잠재의식이 자신을 항상 억압했다. 하지만 그런 감정을 속일 수는 없었다.

그의 그러한 갈등은 이내 그의 표정이나 태도에 나타나게 되었고 드디어 '도깨비 부장'이란 별명까지 얻게 되었다. 악순환은 연속되어 주위 사람들은 더욱더 그로부터 멀어지게 되었고 그는 더 한층 삐뚤어졌다. 급기야 심한 노이로제 증상으로 병원을 찾게 되었다.

그를 치료하기 위해 마인드컨트롤이 적용되었다. 본래 성실했던 Smith는 치료에 열심이었으므로 진보도 빨랐다. 4주 만에 제3단계의 훈련에 도달했다.

그로부터 두 달 뒤 Smith의 모든 증상은 사라졌다. 그리고 그는 자기 직장에서 이제는 '도깨비 부장'이 아니라 보기 드물게 자기 부하들을 아끼는, 모든 면에서 부하들의 편의를 배려하는 부장이 되었다."

3) 강한 인내력과 냉정함을 유지한다.

감정의 폭주를 억누르며 항상 냉정함을 유지하는 것은 강한 의지를 키우는 요건이다. 끈기가 없다거나 인내심이 없다고 하는 사람들은 일단 마음속에 정한 바를 어떤 감정의 동요로 인해 아주 쉽게 스스로 뒤집어 버리는 경우가 많다.

마인드컨트롤 제3단계 "심장이 조용히 박동하고 있다"까지의 훈련을 하게 되면, 인내력이나 끈기가 붙었음을 스스로 깨닫게 된다.

인내력과는 직접적 관계가 없다고 할 수 있지만 마인드컨트롤의 제3단계는 "게임에서 승패를 좌우하는 지구력"을 키우는 데에도 도움이 된다.

예컨대, 지고 있을 때 누구나 불안, 초조하고 짜증이 나게 마련인데, 그런 감정에 치우치지 않고 끈기 있게 버티면 패배에 대해 별로 신경을 쓰지 않게 된다.

게임의 승부에 강한 사람들은 대개 감정에 좌우되지 않는 강한 인내력의 소유자들이다. 특히 공부할 때 강한 인내력과 냉정함이 필요하다.

천재가 되는 비밀 공부의 기술 **10**

마인드컨트롤 4단계의 실제

1) 마인드컨트롤 제4단계의 암시법

눈을 감고 심호흡을 천천히 세 번 한다. 들이마실 때는 우주의 평화와 행복이 내 몸 속으로 들어오고, 내 쉴 때에는 내 마음속의 근심 걱정과 스트레스를 모두 내보낸다고 생각한다.

양팔을 좌우로 축 늘어뜨린다. 그리고 다음과 같이 생각한다. '양팔이 매우 무겁다. 팔이 아주 무겁다. 나의 오른팔과 왼팔에 후끈후끈 열이 나면서 따뜻해진다. 팔이 따뜻하다. 양팔이 따뜻하다. 심장이 조용히 박동하고 있다. 심장이 힘차게 그러나 조용히 박동하고 있다.'

혼자만 있는 아주 아름다운 장소를 상상하면서 생각한다. '어느 누구의 간섭도 받지 않는 곳, 아주 조용한 곳

에 나 혼자 있다. 나의 심장이 아주 조용히 박동하는 것을 느낀다. 심장이 조용히 박동하고 있다.'

하늘에 있는 뭉게구름을 떠올리며 상상을 계속 이어간다. '파란 하늘에 뭉게구름이 뭉게뭉게 떠있다. 파란 하늘에 뭉게구름이 뭉게뭉게 떠 있는 것을 바라보면서 나의 마음은 가벼움을 느낀다. 산들바람이 불어 뭉게구름이 이곳저곳으로 움직이고 있는데 그 구름이 매우 가볍기 때문에, 구름을 바라 볼 때 나의 호흡이 아주 편안하다는 사실을 느낀다. 나는 호흡을 구름처럼 가볍게, 아주 편하게 하고 있다.'

눈을 감고서 "호흡이 편하다"라는 뜻의 다섯 가지의 다른 표현의 말을 다음과 같이 각각 열 번씩 반복 암시하는데, 한 문장의 끝마다 "모든 것은 정상이다."라는 말을 세 번씩 반복하여 다음과 같이 한다.

① "호흡이 편하다"를 10회 반복한다. 그리고 "모두가 정상이다"를 3회 반복한다.
② "호흡이 아주 편하다"를 10회 반복한다. 그리고 "모두가 정상이다"를 3회 반복한다.
③ "호흡이 아주 편하다"를 10회 반복한다. 그리고 "모두가 정상이다"를 3회 반복한다.
④ "호흡이 매우 편하다"를 10회 반복한다. 그리고 "모두가 정상이다"를 3회 반복한다.

⑤ "호흡이 매우매우 편하다"를 10회 반복한다. 그리고 "모두가 정상이다"를 3회 반복한다.

그리고 상상을 계속 이어간다. '나의 양쪽 팔이 아주 무겁다. 너무 너무 무겁다. 팔이 후끈후끈 달아오르는 느낌을 느끼기 시작한다. 나는 지금 아주 조용한 장소에 있는데, 심장이 아주 조용히 박동하고 있기 때문에 어떤 때는 심장 박동 소리를 들을 수 없지만, 어떤 때는 그 소리를 들을 수 있다. 그러나 아무 상관이 없다. 나의 심장은 조용히 박동하고 있으므로.

나의 호흡이 매우 편하다. 내가 호흡을 하고 있는지 아닌지 모를 정도로 호흡이 아주 편하다. 편안한 호흡과 함께 나의 마음도 아주 편안해지고 점점 깊은 최면 속으로, 아주 깊은 잠재의식 속으로 들어가고 있다.

20, 19, 18, 아주 깊은 최면 속으로 들어가고 있다. 17, 16, 15, 아주 깊은 곳으로 내려가고 있다. 아주, 아주 깊은 곳으로. 14, 13, 12, 11, 나는 점점 깊은 최면 속으로 들어가고 있다. 10, 9, 8, 7, 나는 점점 더 깊은 잠재의식 속으로 들어가고 있다. 6, 아주 깊이, 아주 깊이. 5, 4, 3, 2, 1, 0, 나는 아주 깊은 최면 속으로 들어 왔다.

팔이 무겁고 너무 무거워져서 이제 팔이 나의 몸에 붙어 있는지 아닌지 모를 정도로 팔에 대한 감각을 잃어 버렸다.

팔이 따뜻하고, 심장이 조용히 박동하고 있고, 호흡이 아주, 아주 편하다.

나는 지금 아주 깊은 최면 속으로 들어 왔고, 깨어나고 싶은 마음이 전혀 없다.'

각성 상태에서 깨어날 때는 하나에서 다섯까지 세며 천천히 눈을 뜨는데, 다음과 같이 말한다.

'깊은 심호흡과 함께 최면에서 깨어난다. 하나, 둘, 셋, 유쾌하고 상쾌한 각성상태로 돌아간다. 넷, 다섯!'

인간의 호흡 횟수는 보통 휴식상태에서 1분 동안에 16-18회 정도인데, 마인드컨트롤 제4단계의 훈련이 되면 평균 12회 내지는 최저 9회까지 줄어든다. 즉, 편하게 호흡하고 있는 마인드컨트롤 제4단계에서는 호흡 횟수가 줄어들며 호흡의 깊이가 깊어진다. 그림 10-1의 B는 제4단계에서 호흡수의 감소가 현저하고 호흡이 크며 깊어짐을 보여준다.

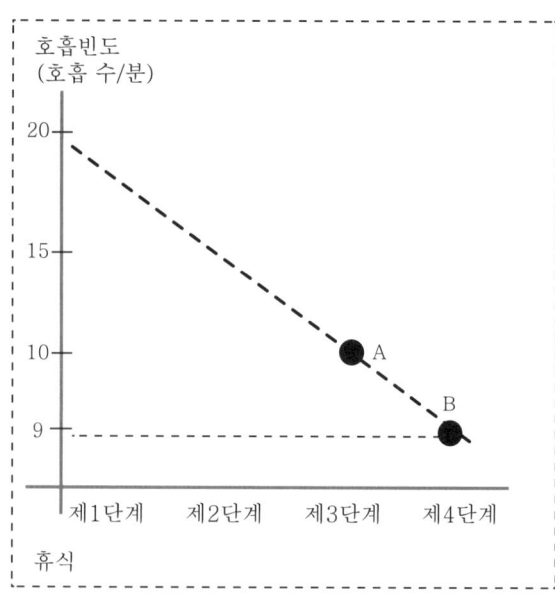

그림 10-1. 제4단계의 암시 중 호흡의 변화

그러한 호흡의 변화 이외에도 근육의 이완, 맥박의 수, 피부 온도의 변화 등 마인드컨트롤 제1-제3단계까지의 생리적 변화가 동시에 일어난다.

제4단계 "호흡이 편하다"의 암시는 혈액 상태를 정상적으로 유지시키는 데에 도움이 된다. 탄산가스와 노폐물을 운반해온 혈액 속의 헤모글로빈은 그것들을 호흡에 의해 받아들인 새로운 산소와 교환하고 이를 다시 몸의 각 부분으로 운반해 간다.

이처럼 우리 몸속에는 신선한 공기를 운반하는 헤모글로빈과 노폐물을 운반하는 헤모글로빈이 항상 오가고 있다.

혈액 속의 탄산가스와 산소농도의 비율은 몸의 기능이 건전하게 발휘되기 위해서 항상 일정한 균형을 유지해야 한다.

산소의 부족 상태가 오래 계속되면 우선 뇌에 영향을 미쳐 두통, 주의산만, 권태감, 피로감 등의 증상이 나타난다. 이는 만원버스나 전철에서 오래 시달리거나 극장 등 환기가 좋지 못한 장소에 있을 때에 흔히 경험한다.

한편 혈액 속의 산소가 너무 많아 이산화탄소와의 정상적인 균형이 무너져도 숨이 답답해지며 불쾌해진다.

따라서 그 비율이 항상 일정하게 유지되는 것이 가장 이상적이다.

여러 건강법에서 특히 호흡에 역점을 두는 것은 바로 이 때문이다. 제4단계가 이루어져 변화되는 효과는 다음과 같다.

2) 마약, 담배와 술을 끊을 수 있다.

마약, 담배나 술을 끊으려고 해도 끊지 못했던 사람들에게 마인드컨트롤 제4단계를 권한다. 제4단계 "호흡이 편하다"를 익혀 호흡이 편하게 되었을 무렵 다음과 같이 암시 한다.

① 마약/ 담배 끊기의 암시 요령

'언제, 어디서든, 어떤 경우이든, 나는 마약/ 담배를 피우지 않는다, 다른 사람은 피워도 나는 피우지 않는다. 마약/ 담배를 피우면 속이 매우 불편해져서 구역질이 난다. 다른 사람이 피우는 마약/ 담배 연기의 냄새만 맡아도 구역질이 나서 견딜 수가 없다. 마약/담배를 피우지 않는 나의 폐와 머리는 아주 깨끗하고 건강하다. 깨끗한 혈액이 맑고 깨끗한 산소를 나의 몸 구석구석까지 날라다 주므로 나의 몸은 상쾌하다. 엄청난 에너지를 만든다. 마약/ 담배를 끊은 후에 머리가 멍하지 않고 기분이 좋다. 나의 폐와 머리는 끼끗하고 나의 몸을 이루는 65조의 세포들은 모두 활기에 차 있으니까. 나는 마약/ 담배를 하지 않는다. 이제 마약/ 담배를 피울 수가 없다. 마약/담배의 냄새만 맡아도 싫다. 구역질이 난다. 토한다. 나는 결코 마약/ 담배를 피우지 않는다.'

② 술 끊기의 암시 요령

'언제, 어디서든, 어떤 경우이든, 나는 술을 마시지 않는다, 다른 사람은 마셔도 나는 마시지 않는다.' 술을 마시면 속이 매우 불편해져서 구역질이 난다. 다른 사람이 마시는 술의 냄새만 맡아도 구역질이 나서 견딜 수가 없다. 술을 마시지 않는 나의 위장과 간은 아주 깨끗하고 건강하다. 맑고 깨끗한 혈액이 나의 몸 구석구석까지 필요한 영양물질을 날라다 주므로 나의 몸은 건강하다. 엄청난 에너지를 만든다. 술을 끊은 후에 머리가 멍하지 않고 기분이 좋다. 나의 위와 간은 끼끗하고 나의 몸을 이루는 65조의 세포들은 모두 활기에 차 있으니까. 나는 술을 마시지 않는다. 이제 술을 마실 수가 없다. 술의 냄새만 맡아도 싫다. 나는 결코 술을 마시지 않는다.'

이 암시는 마인드컨트롤 제4단계를 완전히 습득했을 때에야 효과가 있다.

흔히 마약이나 담배를 끊은 뒤에는 떨떠름한 기분이라든가, 머리가 멍해지는 기분, 다른 사람이 마약이나 담배를 피우고 있는 모습을 보면 짜증스러워지는 기분을 느끼게 된다.

이러한 금단현상은 의존적 욕구가 갑자기 단절되었기 때문에 일어나는 심리적, 신체적인 이상 증상으로, 어느 정도의 시간이 지나면 그런 증상은 저절로 치유된다.

하지만 그런 증상은 결코 쉽게 견디어 낼만큼 편한 것은 아니며 큰 불안을 수반하고 매우 고통스러운 법이다.

그러나 마인드컨트롤 제4단계까지의 훈련과 암시가 자신감을 강화해 준다. 즉, 마약이나 담배를 끊은 뒤의 괴로움이라든가 고통을 완화시키고 마약, 담배 또는 술에 대한 집착력 즉, 미련을 없애는 것이다.

의지가 약하기 때문에 끊지 못하는 것이 아니다. 끊으려 하니까 더욱 끊지 못하는 것이다. 그것을 이성으로 제지하려 하지만 그것에는 한계가 있다.

이는 대뇌의 구피질에 잠재적인 힘이 있기 때문이다. 이성이 내재하는 신피질에 지나치게 무리한 주문을 하면 신피질은 그 조절의 힘을 상실하고 만다. 끊으려고, 끊으려고 하는 것 자체가 신피질에 무리한 주문을 하는 것이다.

마인드컨트롤 제4단계의 암시는 주로 구피질에 작용하여 담배를 피우고 싶다는 욕구, 술을 마시고 싶다는 욕구가 자연스럽게 줄어들도록 해준다.

3) 교통 체증을 이겨낸다.

 도심 지역으로 출퇴근하는 사람들은 이미 California의 고속도로와 각 지방도로의 혼잡함에 익숙해 있을 것이다. 고속도로나 지방도로에서의 만원 차량들로부터 오는 갑갑함과 불쾌감의 추방에는 그야말로 마인드컨트롤 제4단계 "호흡이 편하다"가 유력한 도구이다.
 운전하고 있는 자동차의 흔들림과 고속도로에 가득 찬 차량들의 움직임에 몸을 내 맡기고, 마인드컨트롤 제4단계의 암시를 통해서 편하게 호흡을 하면 자신은 하나의 물체로써 자연의 역학적 관성에 따르게 된다. 그러기 위해서는 호흡하는 데에 자기 자신을 몰두시킨다.
 의학적으로 보면 호흡은 본래 자신의 의지대로 되지 않는 잠재의식의 생리기능에 속한다. 따라서 "호흡이 편하다"는 마인드컨트롤 제4단계의 암시는 자기의 호흡 속에 자신을 용해시키는 기술이라 할 수 있다.
 내 자동차의 움직임과 고속도로를 가득 메운 차량들의 움직임에 호흡을 맞춘다. 그리고 계속 "호흡이 편하다"라는 암시를 한다. 그러는 동안에 어느 사이엔가 상쾌한 기분을 느끼며 목적지에 도착해 있는 자신을 발견하고 놀랄 지도 모른다.
 마인드컨트롤 제4단계의 암시는 극장 등 사람들이 너무 많아 기분이 나빠졌을 때에도 이용할 수 있다. 암시가 혈액 속의 산소와 이산화탄소 사이의 농도의 비율을 정상으로 유지해주기 때문이다.

4) 식욕을 없애는 스트레스를 제거한다.

걱정거리나 다소의 정신적 충격이 이내 식욕부진으로 연결되는 사람은 마인드컨트롤 제4단계의 훈련을 집중적으로 하면 효과가 있다. 스트레스나 지나친 긴장은 뇌에 있는 '음식물 섭취 중추'에 제동을 걸기 때문이다.

Canada의 Montreal Medical Center의 Luter 박사는 신경성 식욕부진에는 마인드컨트롤 제4단계 "호흡이 편하다"가 특히 효과적이라고 주장한다.

"호흡이 편하다"의 제4단계까지 완전 습득하면 대개는 스트레스나 긴장으로부터 해방되어 대뇌 중앙의 뇌간부의 식욕을 지배하는 중추인 '음식물 섭취 중추'에 대한 제동이 없어진다.

이는 개의 뇌간부를 전기 자극하면 먹이를 계속 먹는 현상으로 알 수 있다.

천재가 되는 비밀 공부의 기술 **11**

마인드컨트롤 5단계의 실제

1) 마인드컨트롤 제5단계의 암시법

눈을 감고 심호흡을 천천히 세 번 한다. 들이마실 때는 우주의 평화와 행복이 내 몸 속으로 들어오고, 내 쉴 때에는 내 마음속의 근심 걱정과 스트레스를 모두 내보낸다고 생각한다. 그리고 다음과 같이 상상한다.

'모든 것이 편안하고 조용하다. 양팔이 매우 무겁다. 양팔이 무겁다는 생각만 하여도 양팔이 축 늘어지면서 아주 무거운 느낌이 든다. 나의 두 팔은 아주 무겁다. 나의 양팔은 매우 따뜻하다. 양팔이 매우 따뜻해지면서 나는 점점 깊은 최면 속으로 들어가고 있다. 나의 심장이 조용히 박동하고 있다. 심장이 아주 조용히 박동하고 있다. 심장박동 소리는 너무나 조용히 아주 조용히 박동하고 있다. 호흡이 편안하다. 호흡이 아주 편안하다.

나의 복부에 조그마한 태양이 떠있다. 그 조그마한 태양에서 나오는 따뜻한 열기가 나의 복부 전체를 후끈후끈하고, 아주 따끈따끈하게 달아오르게 하고 있다. 복부가 매우 따뜻한 느낌이 들기 시작한다.'

복부가 후끈후끈하게 달아오르는 느낌을 느끼면서 다음과 같이 다섯 가지의 문장을 각각 열 번씩 기계적으로 반복 암시하는데, 각 문장의 끝마다 "모든 것은 정상이다."라는 문장을 세 번씩 덧붙인다. 암시방법은 다음과 같다.

① "복부가 따뜻하다"를 10회 반복한다. 그리고 "모두가 정상이다"를 3회 반복한다.
② "복부가 아주 따뜻하다"를 10회 반복한다. 그리고 "모두가 정상이다"를 3회 반복한다.
③ "복부가 아주 따뜻하다"를 10회 반복한다. 그리고 "모두가 정상이다"를 3회 반복한다.
④ "복부가 매우 따뜻하다"를 10회 반복한다. 그리고 "모두가 정상이다"를 3회 반복한다.
⑤ "복부가 매우매우 따뜻하다"를 10회 반복한다. 그리고 "모두가 정상이다"를 3회 반복한다.

그리고, 상상을 계속 이어간다. '따뜻한 열기가 복부

전체로 퍼져나가고 있기 때문에 아주, 아주 따뜻하다.

마음은 점점 편안해지고 졸음이 오면서 점점 깊은 최면 속으로 들어가고 있다.

팔이 매우 무겁다. 팔이 따뜻하다. 심장이 조용히 박동하고 있다. 호흡이 편안하다. 복부가 후끈후끈하다. 마음이 아주 편안해지면서 아주 깊은 최면 속으로 들어와 있다.'

각성상태로 돌아갈 때는 다음과 같이 암시한다.

> '이제 하나에서 다섯을 세면 깨어난다. 하나, 둘, 셋, 유쾌하고 상쾌한 각성상태로 돌아간다. 넷, 다섯!'

교감 신경과 부교감 신경은 온몸에 빈틈없이 뻗어있다. 특히 복부의 경우 수많은 구불구불한 신경섬유가 사방으로 뻗어 있으며, 마치 광환(corona)을 자기 주위에 뿜어내는 태양과 같은 형태를 이룬다. 이러한 태양의 본체에 해당되는 부분을 '태양신경절'이라고 하고, 그 주위의 광환을 포함하여 '태양신경총'이라고 부른다.

'인간의 복부에는 태양이 있다'는 고대로부터의 내려온 생각에서 비롯된 이름이다.

'태양신경총'은 위, 장, 간장, 신장 등의 활동을 정상적으로 유지하는 데에 매우 중요한 역할을 한다.

제5단계의 훈련은 제4단계에 비해 비교적 긴 시간이

필요하다. 태양신경총의 이미지나 위치를 잘 포착할 수 없는 사람은 '태양신경총이 따뜻하다' 대신에 '배가 따뜻하다' 또는 '위가 따뜻하다'라는 암시를 해도 된다.

복부(태양신경총)에는 위, 대장, 소장을 비롯하여 간, 콩팥, 그리고 이자와 음식물의 섭취, 배설, 해독과 조절의 기능이 있는 모든 기관이 들어있고, 특히 여성에게는 자궁이라는 생식기가 하복부에 있다.

복부(태양신경총)의 작용이 충분하지 못하면 중추부인 뇌, 심장, 폐, 척수 등의 기능까지 막히게 될 수도 있기 때문에 이들 기관을 연결하는 혈관망은 굵으며 또한 서로 긴밀하게 연락을 취한다.

그러나 이들 혈관은 일반의식에 의해 수축되거나 확장되지 않는다. 이 혈관의 운동을 관장하는 것이 복부의 교감과 부교감신경이며 그 중심이 '태양신경총'이다.

'태양신경총'을 따뜻하게 해주면 복부의 교감신경과 부교감신경이 자극을 받고 혈관운동이 활발해지면서, 복부의 각 장기에 필요한 혈액이 과부족 없이 공급되게 된다. 그 결과 위는 위대로, 간은 간대로, 콩팥은 콩팥대로 본래의 역할을 충분히 발휘할 수 있는 것이다.

여자의 자궁과 허리를 따뜻하게 하는 데에도 마인드컨트롤 제5단계는 많은 효과가 있다.

스트레스나 불안에 대해 가장 민감하게 반응하는 것은 위이다. 그래서 신경성위장병도 배를 따뜻하게 하고 신경을 쉬게 해주는 이중효과로 치유될 수 있다.

신경성위장병 증세 외에도 만성설사, 간 기능 저하, 냉증, 성기능장애, 성욕감퇴, 정력저하 등도 "복부가 따뜻하다"는 암시로 치유될 수 있다.

특히 여성의 경우 마인드컨트롤 제5단계의 훈련 중 성적 감각이 매우 높아지는 것을 느끼면서 당황하는 경우가 있을 정도로 성기능장애, 성욕감퇴 등의 치료에 효과가 있다.

2) 소화불량(Indigestion) 치료의 암시 요령

제5단계의 암시로 깊은 최면에 들어간 후 다음과 같이 암시를 계속한다.

깊이 숨을 들이쉰다. (잠시 멈춘다.) 그리고 천천히 숨을 내쉰다. 천천히 숨을 내쉬면서, 위의 긴장이 해소됨을 느낀다. (잠시 멈춘다.) 위를 둘러싼 모든 근육의 긴장을 푼다. 이제 잠재의식에게 이 부위의 스트레스에서 벗어나라고 말하며 암시를 이어간다.

'이제 나의 위는 음식을 적절히 소화할 것이다. 그리고 완전한 기능을 유지할 것이다. 내가 어떠한 스트레스를 받을지라도 위의 긴장이 해소된다. 위의 긴장이 해소됨을 느낀다.

위가 진정된 감각을 느낀다. 위가 잠잠해 진다. 나의 위가 잠잠해 진다. 위의 긴장이 해소되도록 허락한다. 긴장이 해소된다. 잠잠해 지고 긴장이 해소되었다. (반복한다.)'

그리고 최면에서 깨어나는 암시를 한다.

3) 위궤양(Gastric ulcer) 치료의 암시 요령

깊은 최면에서 다음과 같이 암시한다.
 긴장을 푼다. 모든 근육의 긴장을 푼다. 이제 모든 걱정과 문제를 모아 그것들을 하나의 상자 속에 넣는다고 상상한다. 그 상자의 뚜껑을 덮는다. 그리고 그 상자를 옷장으로 가져가 선반에 놓는다. (잠시 멈춘다.) 그리고 다음처럼 암시를 이어간다.

'나는 후에 필요할 때는 언제든지 그것을 다시 가져올 수 있다. 그러나 지금은 걱정들을 치워 버렸고, 그것들로부터 자유로워진 것을 즐거워하고 있다. 이제 몸과 마음, 감정들로부터 온 모든 스트레스를 자유롭게 풀어 준다. 방어의 보호막을 친 채 몸 주위의 평화로움과 고요함을 느낀다. 그 보호막은 나에게 스트레스를 주는 직장, 집 혹은 학교 등 여러 상황에서 비롯된 강한 스트레스라도 나를 보호해 준다. 나는 지금 보호받고 있다. 스트레스는 나에게서 튕겨나가 사라진다. 나는 몸에 잔잔히 흐르는 평온을 느낀다. 그것의 유쾌한 온기를 느낀다. 이제 그것이 위 부위로 들어가는 것을 느낀다. 그것이 순탄하게 위궤양을 치료하는 것을 느낀다. 위를 진정시키고 평온하게 한다. 내가 평온하고 평화롭기 때문에 위궤양은 빨리 치료된다. 나의 잠재의식은 위가 스트레스로부터 벗어나도록 구성되어있다. 나의 몸과 마음, 감정으로부터 야기되는 모든 부정적인 스트레스를 거부한다. 그리고 이 평화로운 느낌을 계속 즐길 때 나는 새롭고 건강한 에너지를 다시 얻게 될 것이다. 나의 몸을 통해 흐르는 유쾌한 평온함을 느낀다. 치료되고 있다. 치료되고 있다. 잠잠해진다. 잠잠해진다. (반복한다.)' 각성한다.

4) 신경성대장염(Diarrhea) 치료의 암시 요령

깊은 최면에서 다음과 같이 암시한다.

'복부 근육의 긴장이 해소되는 것을 느낀다. 주의를 배에 집중시킨다. 그리고 나의 아랫배 부근, 즉 배꼽 아래의 창자를 통해 흐르는, 어떤 흐름을 느낀다. 나의 창자, 소화기관을 통과하며 흐르고 있는 따뜻한 기운을 느낀다. 그리고 대장으로 들어가는 것을 느낀다. 대장을 진정시키며 긴장을 해소시켜 준다. 대장을 진정시키며 긴장을 해소하게 한다. 나는 대장의 새로움을, 완전하게 새로워졌음을, 건강함을, 느긋하게 작동하고 있음을 느낀다. 그리고 나의 잠재의식은 그것을 통제하고 있다. (반복한다.)' 각성하는 암시를 한다.

5) 구토(Vomiting) 치료의 암시 요령

깊은 최면에서 다음과 같이 암시한다.

'깊이 숨을 들이쉰다. (잠시 멈춘다.) 그리고 천천히 숨을 내쉰다. 천천히 숨을 내쉬면서, 위의 긴장이 해소됨을 느낀다. (잠시 멈춘다.) 위를 둘러싼 모든 근육의 긴장을 푼다. 이제 나의 잠재의식에게 말한다.

'이 위 부위가 스트레스로부터 벗어나고 있다. 위에 가해지는 스트레스는 이제 더 이상 없다. 이제 나의 위는 활발하게 움직이며 음식을 적절히 소화할 것이다. 그리고 완전하게 기능을 유지할 것이다. 내가 어떠한 스트레스를 받을지라도 위장의 긴장은 해소된다. 구토가 멈춘다. 위장의 긴장이 해소됨을 느낀다. 구역질이 나지 않는다. 위장이 진정된 것을 느낀다. 위가 잠잠해 진다. 나의 위가 잠잠해 진다. 위의 긴장이 해소되도록 허락한다. 긴장이 해소된다. 구토가 멈추었다. 속이 편안하다. 아주 편안하다. 기분이 상쾌하다. (반복한다.)' 각성하는 암시를 한다.

6) 변비(Constipation) 치료의 암시 요령

깊은 최면에서 다음과 같이 암시한다.

"복부 근육의 긴장이 해소되는 것을 느낀다. 주의를 배에 집중시킨다. 그리고 나의 아랫배 아래의 창자를 통해 흐르는, 어떤 흐름을 느낀다. 나의 창자, 소화기관을 통과하며 흐르고 있는 따뜻함을 느낀다. 소화된 음식물이 소장을 거쳐서 영양분이 몸으로 흡수된 후 대장의 상행결장으로 들어간다. 아랫배의 따뜻한 느낌이 대장을 진정시키며 긴장을 해소시켜 준다. 대장의 긴장이 해소된다. 나의 대장이 완전하게 새로워졌음을, 편안하게 작동하고 있음을 느낄 수 있다. 소화된 음식물이 계속하여 횡행결장을 통과하고 있다. 적절한 정도의 물이 흡수된다. 아주 적절한 정도의 물을 흡수하므로 대변은 무르고 결장을 잘 통과하고 있다. 대변을 밀어내는 대장의 연동운동이 힘차게 일어나고 있고, 나의 잠재의식은 그것을 통제하고 있다. 강력하고 힘차게 연동운동을 일으키도록 조절하고 있다. 대변은 이제 하행결장을 거쳐서 직장에 다다른다. 수분을 충분히 포함하고 있는 부드러운 대변이 매끄럽게 대장을 통과하고 있다. 배에 힘을 주면 아주 쉽게 배변이 된다. 나의 대장의 연동운동은 적절히 강력하고, 수분 흡수의 조절도 아주 적당히 이루어져서 대변이 아주 쉽게 대장을 통과하고 있다. 대장에서 스트레스는 완전히 제거되었다. 아주 편안하다. 속이 아주 편안하다."

그리고, 최면에서 깨어나는 암시를 한다.

천재가 되는 비밀 **공부의 기술 12**

마인드컨트롤 6단계의 실제

1) 마인드컨트롤 제6단계의 암시법

 천천히 세 번의 심호흡을 한다. 들이마실 때는 우주의 평화와 행복이 내 몸 속으로 들어오고, 내 쉴 때에는 내 마음속의 근심 걱정과 스트레스를 모두 내보낸다고 생각한다. 양팔이 무겁다는 생각만 하여도 팔이 축 늘어지면서 아주 무거운 느낌이 든다. 그리고 상상한다. '팔이 아주 무겁다. 팔이 따뜻하다. 후끈후끈할 정도로 양팔이 매우 따뜻하다. 심장이 조용히 박동하고 있다. 심장이 아주 조용히 박동하고 있다. 호흡이 편안하다. 호흡이 아주 편안하다. 복부가 따뜻하다. 복부가 후끈후끈할 만큼 매우 따뜻하다. 나는 지금 남극대륙에 있다. 매서운 바람이 쌩쌩 불어와서 얼굴을 스치고 지나가는데, 나

의 이마는 시원하다.'

이마가 시원해짐을 느끼면서 다음과 같은 다섯 문장을 각각 열 번씩 반복하여 암시하고, 한 문장의 끝마다 "모든 것은 정상이다."라고 세 번씩 반복하여 암시한다.

① "이마가 시원하다"를 10회 반복한다. 그리고 "모두가 정상이다"를 3회 반복한다.
② "이마가 아주 시원하다"를 10회 반복한다. 그리고 "모두가 정상이다"를 3회 반복한다.
③ "이마가 아주아주 시원하다"를 10회 반복한다. 그리고 "모두가 정상이다"를 3회 반복한다.
④ "이마가 매우 시원하다"를 10회 반복한다. 그리고 "모두가 정상이다"를 3회 반복한다.
⑤ "이마가 매우매우 시원하다"를 10회 반복한다. 그리고 "모두가 정상이다"를 3회 반복한다.

상상을 계속 이어가는데, 얼음과 눈으로 뒤덮인 남극 대륙을 상상한다. 남극해에서 물개의 유연한 몸놀림을, 살얼음을 에이는 눈바람을 맞으면서 기우뚱기우뚱 다가오는 펭귄들을 바라보면서 웃고 있는 나의 모습을 상상한다. (이때 이마가 나도 모르게 아주 시원해지고, 머릿속이 깨끗하게 된 기분이 들면 제6단계 마인드 컨트롤에 성공한 것이다.) 그리고 암시를 계속한다.

'나의 이마가 시원하다. 나는 점점 깊은 최면 속으로 들어가고 있다. 나의 마음은 점점 편안해지고 이 편안한 상태에서 깨어나고 싶은 마음이 없다. 나는 아주 깊은 최면 속으로 들어와 있다.'

마인드컨트롤 제6단계 훈련은 뇌에 직접적으로 영향을 주기 때문에 암시효과가 강하며 특히 '상상력이 풍부해진다', '자아가 강해진다.' 등의 정신적이고 인격적인 면에서 효과가 크다.

따라서 더욱 숙련되면 깊은 최면 속에서 지금까지 전혀 알지 못했던 자신의 성격이나, 욕망 등을 알 수 있기도 하다.

제6단계 훈련은 반듯하게 누운 자세가 가장 적합하지만 의자에 앉아서 해도 된다.

마인드컨트롤 제6단계는 육체적 암시라기보다는 정신적 암시라고 할 수 있다.

처음에는 한 번의 연습시간을 짧게 대략 30-60초 정도로 하고 점차 90초에서 3분 정도로 시간을 늘려 나간다.

제5단계까지의 기본암시를 20초 정도 한 후 제6단계 "이마가 시원하다"를 1-2분 정도 하는 훈련을 한다. 이렇게 하면 연습 시작 후 약 1-2주 정도에 이마에 서늘함을 느끼게 되는데, 그후에도 2-4주 강화 훈련을 계속하는 것이 바람직하다.

제6단계의 컨트롤 효용은 주로 정신적, 인격적 면에

있으므로 단 몇 주 동안의 훈련으로 완벽하게 습득했다고 자신할 수 없다. 완전한 인격의 인간이 존재할 수 없다는 점을 생각하면 이해될 것이다.

제6단계 '이마가 시원하다'의 암시는 예부터 내려오는 건강법인 두한족열(頭寒足熱, 머리는 차고 발은 따뜻해야 한다)의 상태에 이르고자 하는 마인드컨트롤이다.

이것은 손, 발, 몸, 머리의 각 부분에 주관적인 온도차가 있어야 마음이 긴장하게 된다는 것을 의미하기도 한다.

더운 날 찬물수건으로 얼굴을 닦는 상쾌함은 누구나 경험했을 것이다. "이마가 시원하다"의 훈련은 바로 그런 일상생활에서의 정신적, 생리적 체험을 마인드컨트롤에 의해 실현하는 방법이다.

"이마가 시원하다"의 마인드컨트롤에서는 뇌에 가장 특징적인 생리적 변화가 나타나는데, 마인드컨트롤에 들어가기 전과 마인드컨트롤 중 그리고 마인드컨트롤 후의 뇌파의 변화가 다르게 나타난다.

뇌파의 파형은 뇌의 흥분 정도를 나타내는 것으로, 그 흥분의 정도에 따라 알파파(α waves), 베타파(β waves), 세타파(θ waves), 델타파(δ waves)로 나눌 수 있다. α파를 안정형, β파를 흥분형, θ파를 저하형, δ파를 수면형이라고 한다 (표 12-1).

훈련개시 직전의 뇌파 즉, 평소에 눈을 감고 조용히 있을 때의 뇌파는 알파파이다.

마인드컨트롤 제6단계 '이마가 시원하다'를 시작하면 빠르고 작은 파도형인 흥분형의 베타파로 바뀐다. 이것은 컨트롤의 초기에 뇌의 흥분이 일어나기 때문이다.

그러나 얼마 지나면 안정형인 알파파로 되돌아가고 최면이 더욱 깊어지면 세타파 즉, 저하형의 뇌파가 나타난다.

아주 깊은 최면에서 나타나는 델타파는 수면 중에 나타나는 뇌파이다. 따라서 마인드컨트롤 제6단계를 '마인드컨트롤의 극치'라고 한다.

표 12-1. 뇌파의 종류

❶ 베타파(β-Wave)	14–30hz	흥분형 긴장, 흥분	
❷ 알파파(α-Wave)	8–14hz	안정형 명상	⇨최면
❸ 세타파(θ-Wave)	4–7hz	저하형 최면 졸음	
❹ 델타파(δ-Wave)	0.5–4hz	수면형 깊은 수면	

마인드컨트롤 제6단계까지 훈련되면 당신의 몸과 마음의 긴장은 완전히 해소되고 세상의 모든 불안으로부

터 해방된 자신을 느끼게 된다. 지금까지 결코 볼 수 없었던 자신의 깊은 내면 즉, 잠재의식의 세계를 볼 수 있게 되는 것이다.

각 단계별로 암시법이 숙달되면 이제 제1단계에서 제6단계까지를 모두 합하여 하나의 암시를 만드는데 각 단계에서처럼 열 번씩 반복할 필요는 없다. 다음과 같은 요령으로 한다.

아주 깊은 심호흡을 10번 한다. 숨을 들이 쉴 때에는 우주의 평화와 행복을 마음속으로 들이마시고, 숨을 내쉴 때에는 마음속의 모든 걱정, 근심 등 모든 스트레스들을 밖으로 내 보낸다고 상상한다. 2-3분 동안 아무 생각도 하지 말고 마음을 안정시킨다. 그리고 암시한다. '팔이 무겁다… 팔이 따뜻하다… 심장이 조용히 박동하고 있다… 호흡이 편하다… 복부가 따뜻하다 그리고… 이마가 시원하다…. (3번 되풀이 한다)' 그 다음 이렇게 상상한다.

'나는 지금 넓고 넓은 호수 위에 홀로 작은 배를 타고 있다. 바람이 강하게 때로는 부드럽게 나의 몸을 스쳐간다. 바람은 나의 불안감과 걱정, 슬픔과 고통, 증오와 공포 그리고 모든 나쁜 감정들을 실어간다.' 암시를 되풀이 한다. '이마가 시원하다. 이마가 시원하다. 이마가 시원하다. 나는 아주 깊은 최면 속으로 들어간다. 아주 깊은

최면 속으로… deep sleep!'

최면에서 깨어날 때는 이렇게 암시를 한다.

"하나에서 다섯을 세면 눈을 뜬다. 하나, 두울 셋 기분이 상쾌하다. 넷, 다섯!"

마인드컨트롤을 열심히 연습하면 스스로 잠재의식 속에 가라앉아 있는 자신을 엿볼 수 있게 된다.

의식의 아래쪽에 있는 잠재의식의 세계, 즉 프로이드가 말하는 바로 그 잠재의식의 세계를 스스로 들여 다 볼 수 있으니 이는 바로 신비 그 자체이다. 자신의 마음 속 깊은 곳을 들여 다 봄으로써 잠자고 있던 자신의 능력을 발견 할 수 있다. 잠재의식의 세계를 들여 다 볼 수 있으면 자신의 본질에 한 걸음 더 접근하게 되는 것이다.

2) 깊은 최면 속으로 유도하는 기술

마인드컨트롤 6단계의 과정을 거치면 적어도 잠재의식의 가벼운 활성화 상태에 들어가 있다고 할 수 있다.

좀 더 깊은 최면 속으로 들어가기 위해서는 암시가 필요한데, 직접 할 수도 있고, 어떤 상황을 떠올리고 그와 관련한 암시를 할 수도 있다. 다음과 같이 한다.

"점점 더 깊이, 더욱더 깊이 들어간다." 또는 "아래로, 아래로 내려간다." 또는 내림차의 숫자를 세는 다음과 같은 암시를 사용하기도 한다.

"지금부터 숫자를 열부터 영까지 거꾸로 셀 것이다. 그러면 나는 더욱 깊은 최면 속으로 들어가게 된다. 열, 깊은 최면 속으로 들어간다. 아홉, 더욱 깊은, 여덟, 더욱 깊은 최면 속으로, 일곱, 들어가고 있다. 여섯, 아주 깊다. 다섯, 아주 깊다. 넷, 깊은 최면 속으로 셋, 들어가고 있다. 둘, 아주 깊어진다. 하나, 아주 깊은 잠재의식의 속으로, 영, 들어간다."

후최면 암시에 의해 신속하게 깊은 최면 속으로 유도될 수 있다. 이는 일단 각성한 후 정상의 상태에서 다시 최면 속으로 쉽게 유도될 수 있도록 하는 암시법으로, 최초의 암시에 의해 깊은 최면 속으로 유도된 후, 학습을 마쳤을 때 그 다음의 학습을 위하여 깊은 최면 속으로 빠르게 유도될 수 있도록 다음과 같이 암시한다.

"내가 눈을 감고 '즉시 깊은 최면 속으로!' 라고 외치면 나는 곧 깊은 최면 속으로 들어가게 된다." 또는 "내가 시바의 눈에 손을 대며 '즉시 깊은 최면 속으로!' 라고 외치면 나는 곧 깊은 최면 속으로 들어가게 된다."

이는 최면에서 깨어나기 직전에 신속하게 한다. '시바의 눈'이란 이마 한가운데에 있는데, 인도의 '샤크라'에서도 이곳을 아주 중요시하며 제3의 눈이라고도 부른다.

이러한 후최면 터치방법을 동양식 접촉법(oriental touch)이라고 한다.

3) 각성의 기술

깊은 최면 속에서 깨어나고자 원할 때, 마음속으로 암시한다.

"나는 하나에서 다섯을 셀 것이다. 다섯을 세면 나는 눈이 떠지고 깨어난다. 상쾌하고 아주 건강해지며 기분이 좋아진다. 하나 유쾌하고 상쾌한 각성 상태로 돌아간다. 두울 아주 기분이 좋다. 셋 아주, 아주 건강해지며, 넷 감각이 정상 상태로 돌아온다. 다섯!"

눈을 천천히 뜬 후 손과 발을 움직인다. 그리고 마음속으로 반복한다.

"나는 완전히 깨어났다. 느낌이 좋고 기분이 상쾌하다. 아주 건강하다. 나는 깨어난 후 머리가 맑아지고 두통이 사라진다."

"나는 머리가 맑아지고 집중이 잘 된다. 공부한 내용이 잘 정리되어 기억된다."

이처럼 평소에 원하던 것을 간단히 덧붙여 암시한다.

잠재의식은 '깨어나라'는 지시를 받으면 반드시 깨어나는데, 각성하는 것을 잊었을 경우라 하더라도, 잠재의식에는 방위 본능이 있기 때문에 어떤 유해한 일이나 위험한 일이 일어났을 때에는 즉시 스스로 깨어나게 된다. 또, 각성하지 않았다 하더라도 장기간에 걸쳐서 최면상태를 유지하는 경우는 없으며, 그냥 그대로 있으면 깨어나기 때문에 염려할 필요 없다.

Jean Martin Charcot의 최면 시범 교육

천재가 되는 비밀 **공부의 기술** 13

최면의 역사와 최면상태의 특성

— 최면의 의미와 역사 그리고 최면 상태의 특성

1) 최면의 의미와 역사

 최면은 일반의식을 잠재우고 잠재의식을 활성화시켜 의식의 수준과 상태를 바꾸는 심리학적인 고도의 기술로서 잠재의식을 통제하는 기법이다.

 잠재의식은 평생의 경험이 저장되어 있는 지식과 정보의 창고이지만, 오직 최면을 통해서만 이 거대한 창고의 문을 열 수가 있다.

 최면은 오랜 옛날부터 세계의 여러 지역, 여러 계층에서 행해져 왔다. 3000년 이상 된 파피루스에 이집트의 예언자들이 사용한 오늘날과 비슷한 최면 과정이 기록되어 있다.

 그리스인들의 오라클(oracles), 페르시아인들의 매기(magi),

힌두인들의 파키(fakirs), 인도인들의 요기(yogi) 그리고 중국과 조선의 도인들이 사용했던 기공 등의 치료기법이 최면이었다. 그들은 오로지 환자를 손으로 만져주거나 기도, 주문 또는 부적 등으로 치료하였다.

현대 최면학의 아버지로 불리는 영국의 외과의사인 James Braid(1795-1860)는 그의 논문에서 "신의 잠 sleep of god"이라는 뜻의 그리스어인 "hypnos"로부터 "hypnosis와 hypnotism"이라는 의학적 용어를 만들어 처음으로 사용하였다. 그후 최면치유(Hypnotherapy)는 과학 속으로 들어와 세계의 수많은 과학자들에 의해 받아들여지고 인식되게 되었다.

깊은 최면에 들면 마치 잠든 것처럼 보이나 잠을 자는 것은 아니다. 따라서 최면으로 정신을 잃는 일은 없으며 오히려 정신의 집중이 일어나서 학습을 잘할 수 있게 되거나, 오래 전의 기억을 되살릴 수도 있고, 평소에는 발휘할 수 없었던 능력을 아주 쉽게 발휘할 수 있게 된다.

깊은 최면으로 유도된 상태에서도 일반의식에 의하여 통제되고 있으므로 암시가 윤리와 도덕에 어긋난다고 판단될 때에는 따르지 않으며 또 위험하다고 생각되면 스스로 최면에서 깨어날 수 있다.

그러므로 최면이 진행되는 동안 자신에 대한 통제력을 잃거나, 비밀을 말하거나 하는 일은 절대 없다.

또 잠재의식이 활발히 작용하고 있는 상태가 최면이

다. 따라서 우리는 잠재의식에 기억된 정보에 의하여 행동하고 있으므로, 우리생활의 대부분이 최면상태에서 이루어지고 있다고 말할 수 있다.

잠재의식과의 원활한 소통을 위하여 깊은 최면의 유도가 필요하며, 능력과 필요에 따라 즉시 깊은 최면 속으로 들어갈 수도 있다.

흔히 "나는 정신을 똑똑히 차리고 있고 또 머리가 좋기 때문에 최면에 걸리기 어려울 거야."라고 생각하는 사람이 있다. 그러나 사실은 똑똑하고, 지성적인 사람일수록 최면에 더 잘 유도된다. 물론 예외도 있다.

얕은 최면이나 중간 정도의 최면 상태에서는 몸이 나른하고 무기력한 상태가 된다. 따라서 움직인다든지, 말을 한다든지, 눈을 뜨는 것이 힘들게 느껴지면서 뭔가를 하는 것이 귀찮아져서 아무 것도 하지 않게 되면 이는 이미 최면에 들어가 있는 상태이다.

그런데 이 사실을 믿지 않으려는 사람들이 있다. 그것은 "최면에 들어가면 의식을 잃게 된다."고 생각하기 때문인데 앞서도 말했듯이 절대로 의식을 잃는 것과 같은 일은 없다.

좀 더 깊은 최면에 들어가면 짧은 암시의 말에도 반응을 한다. 예를 들어 "한 손이 완전히 움직이지 않는다."는 암시를 주면 실제로 손을 움직일 수 없게 된다.

아주 깊은 최면 상태가 되면 사고 작용은 둔해지고 몸

이 매우 나른해진다. "말을 하라"고 명령해도 피험자는 말문을 열기가 어렵게 되어 말을 하더라도 느리고 어둔해진다.

이때의 피험자의 생각은 잠재의식에서 나오는데 이는 최면이 진행되는 동안에는 잠재의식이 활발히 작용하여 보통 때 보다 훨씬 영향을 받기 쉬운 상태에 있기 때문이다.

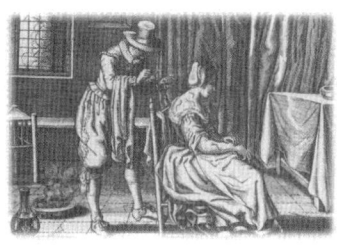

2) 최면 상태의 특성

최면을 잠과 비슷하다고 하였지만 일반적으로 말하는 잠든 상태와는 다르다. 깊은 잠에 들면 일반적인 의식이 없어지고 옆에서 하는 이야기도 들리지 않는다.

그러나 최면 상태는 의식이 매우 평화롭고 고요한 상태로 일반의식은 줄고 잠재의식이 활성화된 상태라고 이해하면 된다. 그래서 최면에 들면 유도자의 말이 더욱 명확히 들리게 된다.

최면이 깊어질수록 신뢰감 즉, 라포(Rapport)현상이 더 뚜렷해진다. 'Rapport'란 피험자 자신의 도덕성에 반하는 것이 아니라면, 최면 유도자의 암시에 대해 무조건 수행하고자 하는 기분이 되는 현상이다. 그래서 최면 순간부터 유도자를 100% 신뢰하고 그의 암시에 따른다.

깊은 최면상태에서는 피 암시성이 강해진다. 피 암시성과 피 최면성은 거의 같은 의미이다.

인간은 정서적인 안정 상태에 있을 때에는 피 암시성이 매우 높아져서 자신도 모르는 사이에 자연스럽게 최면에 들어가는 일이 흔하다.

후최면 암시는 피험자가 최면 중에 주어진 암시를 각성 후에 수행하는 것을 말한다. 피험자는 암시를 수행하고 있는 동안 최면상태로 돌아가 그 일을 끝내고 나서 다시 각성상태로 돌아온다.

최면 중에 유익한 후최면암시를 주어 그것을 각성 후에 실행할 수 있게 하는 것이 러닝 마인드컨트롤 기법의 원리이다.

최면상태가 깊어지면 암시를 받은 피험자가 어떤 행동이라도 그대로 해버리는 경우를 볼 수 있다.

이것은 인간의 감정과 마찬가지로 암시가 육체적, 생리적인 변화를 일으켜 내장이나 분비선에 영향을 주는 것을 입증하는 것이다.

이러한 현상들 중에서 최면마취가 있다. 최면으로 통증을 차단하는 현상이다. 전혀 고통을 느끼지 않거나 혹은 부분적으로 마비를 일으킴으로써 고통을 최소화할 수 있다. 작은 수술이라든가 치과치료를 할 때 이 최면마취를 이용하면 부작용도 적고 치료도 쉽게 할 수 있다.

뿐만 아니라 최면상태에서는 우리의 신체 각 기관을 조절할 수 있다. 잠재의식은 우리 몸 모든 기관을 뇌와 신경계통을 통해서 조절하고 있으므로 잠재의식은 우리들의 내장이나 분비선, 순환기 그리고 신체의 화학 변화에도 영향을 줄 수가 있다.

예로 어떤 병으로 인해 분비선 기능에 장애가 있을 경우 암시에 의하여 기능이 회복되는 경우가 있으며, 심장의 박동을 암시에 의해 빨리 하거나 또는 느리게 할 수도 있다. 혈액순환의 조절도 할 수 있다.

최면상태가 되면 무엇인가 생각해 내는 능력 즉, 과거의 경험이나 잊고 있었던 것을 다시 기억해 내는 능력이 매우 높아진다. 이것을 기억력 이상증진(Hypermnesia)이라고 한다. 그래서 최면상태에서 연령을 퇴행시켜 피험자를 과거로 유도해 예전에 일어났던 사건을 모두 회생시킬 수 있다. 단지 생각해 내는 정도가 아니라, 과거의 일을 마치 지금 일어나고 있는 것처럼 보고, 듣고, 느끼고, 냄새 맡고 맛을 보던 일 모두를 다시 체험할 수 있다.

피험자를 몇 살까지 퇴행시킬 수가 있을까? 연령퇴행

을 깊이 파고들면 기억이 실제로 언제부터 활동하기 시작하는가 하는 문제에 이른다.

5살 이전에 일어난 일을 생각해 내는 사람은 극히 적지만 간혹 있다. 3살 이전에 일어난 일을 의식적으로 생각해 내는 사람은 거의 없다. 그러나 최면으로 연령퇴행을 행하면 피험자가 태어난 당시는 물론 태아의 시기까지 되돌아갈 수 있다. 그래서 연령퇴행으로 마음의 상처를 치유할 수 있는 것이다.

또 깊은 최면에서 시간의 왜곡이 일어난다. 30분짜리 텔레비전 프로그램을 10초 동안에 환각으로 보게 할 수 있고, 과거의 뭔가 중요한 경험의 시점까지 퇴행해서 그것을 10초 동안에 다시 한 번 체험하도록 할 수 있다. 그래서 수 시간의 학습 내용을 단 몇 분 동안에 복습시킬 수가 있으며 자는 동안에 과거에 학습한 내용들을 복습하도록 할 수 있다.

천재가 되는 비밀 공부의 기술 14

즉시 깊은 최면으로 유도하는 기술

— 최면의 빠른 유도의 원리와 기술들

1) 깊은 최면의 유도 원리와 요령

(1) 깊은 최면의 유도 원리

최면의 유도를 위하여 목적과 문제의 성질에 따라 이완법(弛緩法)과 응시법(凝視法)을 쓸 수가 있다.

이완법은 문제의 원인이 스트레스에 있을 때 스트레스의 해소를 위하여 몸과 마음을 충분히 이완시킴으로서 치유의 효과를 얻을 수 있음으로 이를 위하여 점진적인 유도가 필요하다. 이에 가장 적합하게 응용될 수 있는 것이 마인드컨트롤 6단계의 암시법이다. 따라서 최면의 점진적인 유도에는 시간이 필요하게 된다. 이완법 즉 마인드컨트롤 6단계의 암시법은 앞에서 단계별로 상세히 기술하였다.

응시법은 어떤 한 장소나 물체를 집중하여 응시케 하고 최면 유도자는 "그렇게 하는 것은 너의 눈을 매우 피로하게 한다. 눈이 피로해지면 생리적으로 눈까풀이 무거워지게 되고 그래서 눈이 감기게 된다. 눈이 감긴다. 눈이 감긴다. 눈까풀이 너무 무겁고 그래서 너의 눈은 감기게 된다. 눈이 감긴다."라는 암시를 반복하면 피험자는 불과 몇 분 안에 깊은 최면 속으로 들어가게 된다. 이러한 응시법은 스트레스가 아닌 원인의 병이나 상처의 치유를 위하여 신속한 유도가 필요할 때 사용한다.

응시나 이완을 시키는 과정을 거치면 적어도 잠재의식의 가벼운 활성화 상태에 들어가 있다고 할 수 있다. 좀 더 깊은 최면 속으로 들어가기 위해서는 암시가 필요하다. 최면 유도자가 직접 암시할 수도 있고, 피험자로 하여금 어떤 상황을 떠올리게 하고 그와 관련한 암시를 계속할 수도 있다.

최면 유도자가 직접 할 수 있는 암시로는 "Deep sleep! 또는 Sleep now!"라고 외치거나 "점점 더 깊이, 더욱더 깊이 들어간다." 또는 "아래로 아래로 내려간다."고 암시할 수도 있고 내림차의 숫자를 세는 다음과 같은 암시를 사용하기도 한다.

"내가 지금부터 숫자를 열부터 영까지 거꾸로 셀 것이다. 그러면 너는 더욱 깊은 잠재의식 속으로 들어가게 될 것이다. 열 깊은 잠재의식의 속으로 들어간다. 아홉 더욱 깊은, 여덟 더욱 깊은 잠재의식의 속으로, 일곱 들어가고 있다. 여섯 아주 깊습니다. 다섯 아주 깊다. 넷 깊은 잠재의식의 속으로 셋 들어가고 있다. 둘 아주 깊어진다. 하나 아주 깊은 최면 속으로, 영 들어왔다."

피험자 즉 학생에게 뭔가를 머리에 떠올리게 하고 그에 관한 암시를 할 때는 다음과 같이 할 수 있다.

"너는 지금 내려가는 에스컬레이터의 맨 위에 서 있다. 계단이 하나씩 하나씩 아래로 아래로 내려가고 있다. 손으로 잡을 수 있는 난간도 그렇게 내려가고 있다. 자 너는 이제 이 에스컬레이터를 타고 내려간다. 최면은 상상이다. 그저 그렇게 상상하면 된다. 한손으로는 난간을 잡았고 에스컬레이터는 너를 태우고 아래로 내려간다. 그에 따라 너도 점점 깊은 최면 속으로 들어간다. 내가 스물에서 영까지 세면 너는 맨 아래까지 내려와 에스컬레이터에서 내리게 된다. 스물, 열아홉 점점 아래로 내려간다. 열여덟 점점 더 깊은 최면 속으로 열일곱 들어가고 있다. …… 둘 아주 깊다. 하나 깊은 최면 속으로 영 들어왔다."

처음에는 최면에 익숙하지 않아서 최면 유도가 쉽지 않을 것이므로 이때에는 여러 층으로 된 건물에서 여러 번 에스컬레이터를 갈아탄다고 암시하고 암시문을 2-3번 반복한다. 물론 익숙해지면 한 번으로도 깊은 최면으로의 유도가 충분하다. 최면의 경험이 많아짐에 따라 스물이 아니라 열부터 거꾸로 세어도 깊은 최면 속으로 유도 할 수가 있다. 시간은 2-3분이면 충분하다.

다음에는 "무엇인가 유쾌했던 일을 머리에 떠 올려보라"고 암시한다. "낚시를 갔었다든지, 바닷가의 모래밭에 누워 있었다든지, 숲속을 거닐고 있었다든지 또는 전의 즐거웠던 추억에 빠져 보든가 아니면 앞으로 가 보고 싶은 곳을 여행하면서 즐기는 멋진 광경을 상상한다. 너무너무 즐겁지? 무엇이 보이나요? 지금 무엇을 하고 있나요?"와 같이 유도하면 깊은 최면의 상태로 들어가게 하거나 그러한 깊은 최면 상태를 계속 유지시킬 수가 있음을 대답을 통하여 확인할 수도 있다.

시간이 지남에 따라 최면은 점차 깨어나게 됨으로 최면의 중간에 "깨어나라고 할 때까지 깊은 최면 상태에 있다."고 암시를 함으로써 깨어남을 방지할 수가 있다. 이러한 암시는 에스컬레이터에서 내린 직후에도 한다.

일반의식으로부터 낮은 수준의 최면 속으로 유도되면 근육의 경직현상(硬直現象)이나 이완현상(弛緩現象) 즉 카타레프시(catalepsy)가 일어나고, 호흡과 맥박이 느슨해지며, 몸을 움직이는 것이 귀찮아 진다.

최면이 중간 정도의 수준에 도달하면 근육의 움직임이 없게 되고 부분적인 마비와 환상도 있을 수 있다.

깊은 최면 속으로 들어가면 눈을 뜬 채 한 점을 응시하거나, 건망, 마비 생리적 기능의 조절, 기억력 이상 증진, 연령퇴행, 환각과 시간의 왜곡현상 등이 일어난다.

 최면 유도자 즉 선생님은 시각에 따라 달라지는 피험자 즉 학생의 현재의 최면의 수준을 알 필요가 있다. 그래야 그 수준에 알맞은 암시를 계속하여 할 수 있게 됨은 물론 다음 단계로 진행할 수가 있다. 만약 짐작으로만 최면 유도를 진행한다면 피험자와 마음을 나눌 수 없게 되기 때문에 실패할 수밖에 없다. 실패 또는 시행착오를 줄이기 위해서 최면 유도의 중간 중간에 필요하다고 생각될 경우에 피험자의 잠재의식의 상태를 알아보아야 한다. 이는 다음과 같이 한다.

 "자 지금 너의 앞에 잣대가 있다. 그것은 너의 최면의 수준을 재는 상상의 잣대이다. 낮은 수준의 잠재의식의 상태를 1인치에서 12인치까지라 하고, 중간의 수준을 12인치에서 24인치 사이 그리고 깊은 수준의 상태를 24인치에서 36인치로 정의한다. 자 그럼 네 앞에 있는 너의 현재의 최면의 수준을 알 수 있는 상상의 잣대를 보라. 지금 현재 너의 최면의 수준이 20인치 이상의 깊이인가? (아니오.) 그러면 15인치에서 20인치의 사이 인가?"라고 하는 요령으로 묻는다. 묻는 차이는 5인치 단락으로 하면 좋다. 묻는 방법을 다음과 같이 약간 다르게 할 수도 있다.

 "너의 눈앞에 1인치에서 시작되는 36인치까지 표시되어 있는 상상의 잣대가 있다. 잣대 위에는 굵은 흰색의 화살표가 있는데 그것을 바라보고 있으면 너의 최면의 수준에 화살표가 와서 멎는다. 자 잘 보라. 화살표가 가리키는 곳의 숫자를 읽어보라."

말하는 숫자에 따라 1인치에서 12인치의 사이는 낮은 수준, 12인치에서 24인치의 사이는 중간 정도의 수준 그리고 24인치에서 36인치까지의 사이는 깊은 최면의 수준으로 판단한다.

(2) 깊은 최면의 유도 요령

가. 상담: 생략

나. 최면의 유도: 다음과 같이 한다.

　ㄱ. "눈을 감고 심호흡을 세 번 하라." (편안한 자세로 앉아서 천천히 호흡하도록 한다.)

　ㄴ. "숨을 들이마실 때에는 우주의 모든 행복과 즐거움들이 내 몸 안으로 들어오고, 숨을 내 쉴 때에는 나의 모든 스트레스와 근심 걱정들이 모두 빠져나간다고 생각하라."

　ㄷ. (잠시 후-) "이제 몸과 마음에 있는 모든 생각과 긴장을 없애고 마음을 편안히 하라. 그리고 모든 것을 너의 잠재의식에 맡기라. 마음을 편안히 하라."

　ㄹ. (시행하려고 하는 유도법을 설명한다. 피험자 즉 학생은 편안한 자세로 앉아 있게 하고, 유도자 즉 선생님은 일어서서 해야 한다. 그렇게 하면 눈이 매우

피로하게 되고 눈이 감길 것이다. 시작한다!)

"그렇게 하는 것은 눈을 매우 피로하게 한다. 눈이 피로하면 과학적으로 눈꺼풀이 무거워지고 그래서 눈이 감기게 된다. 좋다. 아주 좋다. 눈이 피로하다. 눈이 아주 피로해 진다. 너무너무 피로하다. 눈꺼풀이 무거워진다. 눈꺼풀이 무겁다. 아주 무겁다. 그래서 눈이 감긴다. 눈이 감긴다. 너무 피로해서 눈을 뜰 수가 없다. 눈뜨기가 아주 힘이 든다. 졸립다. 졸음이 온다. 눈이 감긴다. 눈을 뜰 수가 없다. 아주 졸리다. 아주 졸리다. 눈이 감긴다. 눈이 감긴다."

(눈이 감기면 머리를 두 손으로 잡고 약간 아래쪽으로 숙여지도록 누르면서 외친다.) "Deep sleep now!"

ㅁ. (잠재의식의 상태를 깊어지게 하기 위하여 피험자의 오른손의 엄지손가락을 들어 올려서 잡고 부드럽게 흔들면서) "이렇게 흔들다가 놓으면 손이 허벅지에 닿는 순간 최면은 더욱 깊어진다." (손가락을 놓아 버린다. 이어서 왼손의 엄지손가락을 들어 올려서 잡고 부드럽게 흔들면서) "이렇게 흔들다가 놓으면 손이 허벅지에 닿는 순간 최면은 더욱 깊어진다." (손가락을 놓아버린다.) "깊은 최면 속으로 들어가고 있다."

ㅂ. "이제 네(또는 이름)가 가장 건강하고 행복하였던 때에 가 보았던 경치 중에서 가장 아름다운 장소를 머릿속에 떠올리라. 또는 가장 가보고 싶은 장소도 좋다. 그 아름다운 장소가 저 20계단 아래에 있다. 이제 아름다운 장소로 가기 위해 20계단을 내려가겠다. 내가 스물에서 영까지 수를 거꾸로 셀 텐데 내가 하는 말을 잘 듣고 오른손으로 계단의 난간을 꼭 잡고 한 계단 한 계단 내려가기 바란다. 스물, 열아홉, 열여덟 아주 깊은 곳으로, 열일곱 내려가고 있다. 열여섯, 열다섯 아주아주 깊은 곳이다. 열넷, 열셋, 열둘, 열하나 아주 깊은 최면 속으로, 열 들어가고 있다. 아홉, 여덟, 일곱 너는 점점 깊은 잠재의식 속으로, 여섯 들어가고 있다. 다섯, 넷, 셋 아주 깊습니다. 둘, 하나, 영 아주 깊은 최면 속으로 들어왔다."

ㅅ. "파란 하늘에 뭉게구름이 뭉게뭉게 떠있다. 아주 파란 하늘에 뭉게구름이 뭉게뭉게 떠있는 것을 바라보면서 너의 마음은 아주 가볍고 모든 근심과 걱정들이 모두 사라졌다. 이제 마음이 아주아주 편안하다. 너는 아주 편안한 최면의 상태에 들어 왔고 깨어나고 싶은 마음이 전혀 없다."

〈힐링 마인드컨트롤〉

ㅇ. "내가 하나에서 다섯을 세면 천천히 눈을 뜨기 바란

다. 그리고 깊은 심호흡을 세 번 한 다음 팔다리운동을 하기 바란다. 하나, 둘 유쾌하고 상쾌한 각성상태로 돌아간다. 셋, 넷 아주 상쾌하다. (손뼉을 치면서 또는 머리를 살짝 들어 올리면서) 다섯!"

ㅈ. "기분이 아주 상쾌하고 유쾌해졌다. 눈을 뜨고 그리고 심호흡을 세 번하고, 팔다리운동을 하라."

Franz Anton Mesmer(1734-1815)
상상력(想像力)설을 주장한 메스메리즘(Mesmerism)의 창시자.

2) 즉시 깊은 최면으로 유도하는 응시(凝視)의 기술들

p.161 "(2) 깊은 최면의 유도 요령"을 따르며, 순서 중 "ㄹ"을 방법에 따라 상세히 기술하면 아래와 같다.

(1) 스물을 세며 즉시 깊은 최면 속으로 들어가는 암시의 요령

깊은 심호흡을 10번 한다. 숨을 들이 쉴 때에는 우주의 평화와 행복이 들어오고, 숨을 내쉴 때에는 모든 걱정, 근심과 스트레스들을 밖으로 내보낸다고 상상한다. 2-3분 동안 조용히 마음을 안정시킨다. 팔, 다리, 눈꺼풀, 몸 전체가 마치 쇳덩이처럼 무겁다고 상상한다. 일련의 다섯 문장으로 된 네 종류의 암시를 한 번씩 모두 스물을 세며 암시한다. 그리고 일련의 암시 끝에 각각 "모든 것이 정상이다"를 세 번씩 반복한다. 다음과 같이 한다.

"하나, 오른팔이 무겁다. 둘, 오른팔이 아주 무겁다. 셋, 왼팔이 무겁다. 넷, 왼팔이 아주 무겁다. 다섯, 나의 두 팔이 쇳덩이처럼 무겁다. 모든 것이 정상이다. 모든 것이 정상이다. 모든 것이 정상이다.

여섯, 오른발이 무겁다. 일곱, 오른발이 아주 무겁다. 여덟, 왼발이 무겁다. 아홉, 왼발이 아주 무겁다. 열, 나의 두 다리가 쇳덩이처럼 무겁다. 모든 것이 정상이다. 모든 것이 정상이다. 모든 것이 정상이다.

열하나, 눈꺼풀이 무겁다. 열둘, 눈꺼풀이 매우 무겁

다. 열셋, 눈꺼풀이 쇳덩이처럼 무겁다. 열넷, 졸린다. 아주 졸린다. 열다섯, 눈이 감긴다. 눈을 뜰 수가 없다. 모든 것이 정상이다. 모든 것이 정상이다. 모든 것이 정상이다.

열여섯, 몸이 무겁다. 열일곱, 몸이 매우 무겁다. 열여덟, 온몸이 무겁다. 열아홉, 온몸이 쇳덩이처럼 무겁다. 스물, 나의 온몸이 숨을 쉴 때마다 더욱 무거워진다. 모든 것이 정상이다. 모든 것이 정상이다. 모든 것이 정상이다."

즉시 눈이 감기며 깊은 최면 속으로 들어간다. 깊어지는 암시를 계속한다. 그리고 자신이 원하는 바를 암시한다. 후최면 암시를 한다. 각성을 위한 암시를 한다. 대체로 두 번 정도 반복하면 충분하다.

(2) 눈을 감기게 하여 즉시 깊은 최면 속으로 들어가는 암시의 요령

아주 깊은 심호흡을 10번 한다. 숨을 들이 쉴 때에는 우주의 평화와 행복이 들어오고, 숨을 내쉴 때에는 마음속의 걱정, 근심과 스트레스들을 모두 밖으로 내보낸다고 상상한다.

2-3분 동안 조용히 마음을 안정시킨다.

눈꺼풀이 마치 쇳덩이처럼 무겁다고 상상한다. 그리고 다음과 같이 일련의 다섯 문장을 한 번씩 암시하는 것을 열 번 반복한다. 일련의 암시 끝에는 "모든 것이 정상이다"를 세 번 반복한다. 다음과 같이 한다.

"눈꺼풀이 무겁다. 눈꺼풀이 매우 무겁다. 눈꺼풀이 쇳덩이처럼 무겁다. 졸린다. 매우 졸린다. 눈이 감긴다. 눈을 뜰 수가 없다. "모든 것이 정상이다. 모든 것이 정상이다. 모든 것이 정상이다."

열 번 반복한다. 즉시 눈이 감기며 깊은 최면 속으로 들어간다. 깊어지는 암시를 계속한다. 그리고 자신이 원하는 바를 암시한다. 후최면 암시를 한다. 각성을 위한 암시를 한다.

훈련이 될수록 반복하는 횟수가 줄어들게 되고, 노련해지면 한두 번의 반복으로 즉시 깊은 최면 속으로 들어갈 수 있게 된다.

모든 암시는 중얼거리거나 소리를 내지 않고 단지 생각만으로 한다.

잠재의식의 세계가 분명하게 자각되지 않는다고 걱정할 필요는 없다. 잠재의식의 세계를 들여다 볼 수 없는 것이 아니라 다만 분명하게 자각할 수 없다는 것일 뿐이다. 그렇다 하더라도 훈련에 의해 어느 사이엔가 잠재의식의 일부를 포착하고 있음을 평소의 행동을 통해 알 수 있다.

다른 사람들로부터 '갑자기 행동적인 사람이 되었다', '머리 회전이 빨라졌다', '이야기하는 내용이 풍부하여

위트가 있다'는 말을 듣게 될 것이다.

 이는 알지 못하는 사이에 이미 잠재의식의 일부를 길들여 생활화하고 있다는 증거이며 잠재의식이 일반의식을 지나쳐서 몸에 직접 작용하여 행동으로서 표면화되었다고 할 수 있다.

천재가 되는 비밀 **공부의 기술** 15

후최면 암시의 기술

— 후최면 암시와 간단하고
강력한 명령인 실마리 언어의 요령

1) 후최면 암시

깊은 최면상태에서 깨어난 후 각성상태에서 사용하기 위한 암시를 후최면 암시(Post hypnotic suggestion)라고 하며, 이를 '포스트 마인드 컨트롤(Post mind control)'이라고도 한다.

후최면 암시는 피험자가 최면 중에 주어진 암시를 각성 후에 수행하는 하는 것을 말한다. 피험자는 후최면 암시의 조건이나 환경에 이르면 자동적으로 깊은 최면상태로 들어가게 되고 이 상태에서 후최면 암시를 수행하게 된다. 후최면 암시의 일을 수행하고 나면 자동적으로 다시 각성상태로 돌아온다.

최면 중에 유익한 후최면암시를 주어 그것을 각성 후

에 실행할 수 있게 하는 기법을 학습에 이용하는 것이 러닝 마인드컨트롤 즉, 최면학습의 원리이다.

일반적으로 후최면 암시는 피험자가 소원하고 희망하는 모든 것들이 총체적으로 함축된 가장 절제된 말을 사용하는 것이 요령이다. 피험자가 소원하는 바를 반드시 좋은 말로 가장 간단하고 명료하게 암시해 주는 것이다. 암시는 말한대로 이루어지기 때문이다.

이를 위해서는 다음과 같은 마음의 법칙(Rule of the mind)을 검토할 필요가 있다.

가. 모든 생각과 아이디어는 실제로 신체적 반응(physical reaction)을 일으킨다.
나. 그렇게 되리라고 예상하는 것은 실제로 그렇게 되는 경향이 있다.
다. 상상력(imagination)은 자신의 마음이나 다른 사람들의 마음에 관여할 때 우리가 생각하는 것보다 훨씬 더 큰 힘을 가지고 있다.
라. 서로 상반되는 생각은 동시에 작용할 수 없다
마. 일단 잠재의식이 어떤 생각을 사실로 받아들이면 그것이 다른 생각으로 대체되기 전까지 진실로 계속 작용한다.
바. 감정적으로 유도된 증상은 우리들의 신체증상에 변화를 일으킨다. 그러한 감정이 오래 지속되면 될

수록 변화는 더 커진다.
사. 어떤 노력을 억지로 하려고 하면 할수록 그 실현은 더욱 힘들어진다. 따라서 우리의 잠재의식에 그대로 맡겨 자연스레 되도록 해야 한다. 예컨대, 잠이 오지 않을 때는 자려고 애써 노력하지 말고 잠재의식이 작용하는 대로 맡기는 것이 좋다.

2) 후최면 암시의 기술

(1) 높은 집중력과 기억력으로 공부하기 위한 후최면 암시의 요령

수업 시작 전 훈련된 솜씨로 신속하게 깊은 최면 속으로 들어간다. 그리고 다음과 같이 후최면 암시를 한다.

"나는 최면에서 깨어난 후 1시간 동안 영어(수학)를 공부하겠다. 나는 공부하는 동안 지치지도 않고, 피곤하지도 않을 것이며 화장실에 가지 않을 것이다. 그리고 공부하는 내용이 잘 정리되어 잠재의식에 기억될 것이다."

그리고 각성하는 암시를 한 후에 수업에 임한다.

(2) 수업이 끝난 후 최면복습을 위한 후최면 암시의 요령

수업이 끝난 직후 훈련된 솜씨로 신속하게 깊은 최면 속으로 들어간다. 그리고 다음과 같이 후최면 암시를 한다.

 "나는 지금까지 공부한 영어(수학)의 내용을 2분 동안에 복습한다. 공부한 내용이 잘 정리되어 잠재의식에 기억된다. 그리고 필요할 때에 머릿속에 모두 떠오를 것이고 그 내용을 간결하고 조리있게 발표할 수 있을 것이다. 자 이제 '시작'이라고 하면 복습을 한다. 시작!!"

 2분 후 각성하는 암시를 한 후에 휴식에 들어간다.

(3) 깊은 최면 속에서 공부하고 복습하기 위한 후최면 암시의 요령

 수업 시작 전 훈련된 솜씨로 신속하게 깊은 최면 속으로 들어가 다음과 같이 후최면 암시를 한다.

 "나는 깊은 최면 속에서 지금부터 1시간 동안 선생님의 영어(수학) 수업을 듣는다. 나는 공부하는 동안 지치지도 않고, 피곤하지도 않을 것이며 화장실에 가지 않을 것이다. 그리고 공부하는 내용이 잘 정리되어 잠재의식에 기억될 것이다." (강의가 끝난 후) 나는 지금까지 공부한 내용을 2분 동안에 복습한다. 공부한 내용이 잘 정리되어 잠재의식에 기억된다. 그리고 필요할 때에 머릿속에 모두 떠오를 것이고 그 내용을 간결하고, 조리 있게 발표할 수 있을 것이다. 자 이제 '시작'이라고 하면 복습을 한다. 시작!!"

 2분 후 각성하는 암시를 한 후에 휴식에 들어간다.

(4) 시험 또는 발표를 잘 보(하)기 위한 후최면 암시의 요령

시험 또는 발표의 시작 전 신속하게 깊은 최면 속으로 들어간다. 그리고 다음과 같이 시험 또는 발표를 잘 보(하)기 위한 후최면 암시를 한다.

"나는 지금부터 영어(수학) 시험을(발표를) 본(한)다. 문제지를 읽으면 지금까지 공부한 내용이 모두 생각나고, 잘 정리되어 정확하고 간결한 답을(발표를) 쓸(할) 수 있다. 답안을(발표를) 간결하고 명료하게 작성할 수 있다(조리있게 할 수 있다)."

그리고 각성하는 암시를 한 후에 시험 또는 발표에 임한다.

(5) 최면 중 시험 또는 발표를 잘 보(하)기 위한 후최면 암시의 요령

시험 또는 발표의 시작 전 신속하게 깊은 최면 속으로 들어간다. 그리고 다음과 같이 시험 또는 발표를 잘 보(하)기 위한 후최면 암시를 한다.

"나는 깊은 최면 속에서도 여느 때처럼 행동하고, 대화하고, 문제지를 읽고 그리고 시험지의 답안을 작성한다(발표를 한다). 지금까지 공부한 내용이 모두 생각나고, 잘 정리되어 정확하고 간결한 답안을 쓸 수 있다(요약 정리하여 잘 발표할 수 있다)."

시험 또는 발표가 끝난 후에 각성하는 암시를 하고 휴

식에 들어간다.

(6) 정해진 시각에 일어날 수 있도록 알람(alarm)을 위한 후최면 암시의 요령

잠들기 직전 깊은 최면 속으로 들어 간 후 다음과 같이 후최면 암시를 한다.

"나는 열을 세는 동안 곧 깊은 잠에 빠져들 것이다. 자는 동안에 피로물질들이 완전히 분해되어 사라지고 새로운 에너지로 충만해진다. 나는 이제부터 아침 4시에 완전히 긴장이 풀린 채 상쾌하게 잠에서 깰 것이다. 그리고 나는 건강해져서 힘이 넘치고 기분이 아주 좋아진다. 나는 건강하다!! 하나 눈이 피로하다. 둘, 눈꺼풀이 무겁다. 셋, 눈꺼풀이 천근만근 무겁다. 넷, 눈이 감긴다. 다섯, 눈꺼풀이 붙어 버렸다. 눈을 뜰 수 없다… 열. 딥슬립!!"

정해진 시각에 깨어난 직후에 "아! 상쾌하다. 힘이 넘친다. 기분이 아주 좋다. 나는 건강하다. 오늘도 하는 모든 일이 잘될 것이다"라고 마음속으로 외친다.

3) 실마리 언어를 만드는 기술

긴 문장의 후최면 암시를 단 한마디로 줄여서 잠재의식에게 간단하고 강력하게 명령하는 기법이다. 실마리 언어(Clue language)는 생각으로, 마음속으로 한다.

(1) 복습할 때
"나는 지금까지 공부한 모든 것을 나의 잠재의식으로 하여금 복습하도록 하겠다. 이제 나는 '자 시작한다'라는 실마리 언어를 말할 것이다. 그러면 그 순간 나의 잠재의식은 지금까지 배운 모든 것을 가장 효과적으로 복습을 시작할 것이다."

(2) 불안, 초조, 화날 때
지금까지의 가장 행복했던 순간 또는 지금까지 가보았던 가장 아름다웠던 곳이나 멋졌던 곳을 떠올린다. 그리고 실마리 언어, '스카이 다이빙'이라고 외친다.

(3) 잠을 자고자 할 때
"나는 '슬립 나우, sleep now!'라고 외치는 순간 깊은 아주 깊은 잠에 빠져 든다."

(4) 스트레스를 물리치고 싶을 때

『아라비안 나이트』의 신드바드의 모험에서 신드바드가 육중한 바위 문을 여닫는 주문을 외우는 것을 연상하며, 실마리 언어, '닫혀라 참깨'라고 외친다.

(5) 머리가 아플 때

감기초기의 두통, 스트레스성 두통 등을 겪을 때, 검지로 이마를 두 번 두드리며, 실마리 언어, '타이레놀, 타이레놀' 또는 '에드빌, 에드빌' 또는 '구미강활탕, 구미강활탕'이라고 외친다.

(6) 음식이 많은데 비만 때문에 그만 먹으려 할 때

음식을 많이 먹어서 배가 부르다고 생각하며 '꽉 찼다, 꽉 찼다'라고 외친다.

(7) 건강을 위하여

건강한 나의 모습을 생각하며 실마리 언어, '나는 날마다 어디서나 건강한 몸으로 산다'를 생각한다.

(8) 자리에 누워 쉴 때

행복한 나의 모습을 생각하며, 숨을 들이 쉴 때(입을 열고) 실마리 언어, '우주의 평화와 행복을 들이 마신다' 내 쉴 때(입을 다물고) '모든 근심 걱정 스트레스를 밖으로 내 보낸다'고 암시한다.

(9) 미용을 위하여

잘 생기고 아름다운 자신의 모습을 상상하며, 눈가에 미소가 가득한 자신의 아름다운 모습을 상상하며 실마리 언어, '얼굴이 따뜻하다' 또는 '눈언저리가 따뜻하다'라고 암시한다.

(10) 공부할 때

활기 있고, 즐겁게 공부하는 자신의 모습을 상상하며 실마리 언어, '나는 지치지 않는다. 피로하지 않다'고 크게 외친다.

Johann Wolfgang von Goethe

천재가 되는 비밀 *공부의 기술* **16**

기억의 원리와 기억력의 향상 기술

— 기억의 원리와 기억력 강화를 위한 암시의 요령

1) 학습의 도구
— 러닝 마인드컨트롤

러닝 마인드컨트롤은 성적향상, 대학진학 그리고 성공을 위한 동기부여 등등만 아니라, 학습의 도구로서 다음과 같은 중요한 의미가 있다.

가. 기억력 강화 훈련(memory training)
나. 강의를 듣는 동안 또는 공부하는 동안의 집중력 향상(concentration)
다. 빠르게 읽기(rapid reading)
라. 공부하는 방법의 학습(learning how to learn)

'기억력 강화'와 '집중력 향상' 훈련은 러닝 마인드컨트롤의 주요한 목표이며, '빠르게 읽기'와 '공부하는 방법의 학습'은 러닝 마인드컨트롤의 암시를 통하여 빠르게 읽을 수 있고, 자신에 알맞게 공부하는 능력을 향상시킬 수 있도록 돕는다.

따라서 위의 네 가지는 학습을 위한 중요한 요인으로, 러닝 마인드컨트롤은 이러한 학습 요인들을 향상시키는, 다른 어느 곳에서도 쉽게 익힐 수 없는 중요한 도구이다. 이 책을 공부하는 분들은 바로 이 도구를 갖게 되는 것이다.

2) 기억(memory)의 원리와 이해

기억(記憶 memory)은 일련의 정보나 이미 입력된 정보의 조각들을 잠재의식으로부터 불러오는 재능이다.

또 기억은 잠재의식이라 부르는 인간의 전기적 뇌(electronic brain)의 기억 은행(memory bank) 속에 이미 기록된 수많은 데이터들을 이르는 말이기도 하다.

일반의식의 역할은 인체 컴퓨터에서 원하는 정보를 주사(scanning)하여 얻어진 숫자들의 배열을 읽어내는 오퍼레이터(operator)에 불과하다.

만일 A가 B에게 집의 주소를 물었을 때, 그에 관한 정보의 조각들 즉 데이터가 즉시 일반의식으로 떠오르는데, 이는 A의 질문이 잠재의식으로 하여금 정보들로 꽉 차있는 아주 커다란 정보의 창고 속에서 그에 해당하는 정보를 주사하라는 명령이 작용되어야만 하고, 그에 관한 데이터가 떠올랐을 때 비로소 일반의식이 그 정보의 조각들을 깨달을 수 있다.

즉 잠재의식의 명령으로 브레인 컴퓨터(brain computer)는 이 데이터를 일반의식이라는 스크린 위에 투영하고, 이 투영된 것을 일반의식이 읽었을 때 비로소 "우리 집의 주소는 이러이러하다."고 기억하는 것이다. 기억에는 다음과 같은 단계적인 세 가지 현상이 있다.

   가. 형상의 전사(printing of a videogram)
   나. 정보의 저장 또는 보존(storage or retention of the information)
   다. 기억해내기(recall)

(1) **형상의 전사**(printing of a videogram)

기억의 단계적 세 가지 현상 중 형상의 전사가 가장 중요한 과정이다. 그리고 그 형상의 전사는 그 자체 내에서도 다음과 같은 요인들에 의해서 달라진다.

ㄱ. 보존될 자료들에 대한 흥미(interest)

ㄴ. 정보를 저장하고자 하는 의지(will)

ㄷ. 정보 전사의 진실성과 생동감(fidelity and animation)

ㄹ. 정보를 전사하는 순간의 집중력의 결여(deficiency of concentration)

ㅁ. 브레인의 기억의 창고 속에 저장되어 있는 이미 전사된 자료들과 이제 입력되어 들어오는 자료들 사이의 정서적 관련성의 정도(relation)

ㅂ. 정보 전사의 반복의 빈도(frequency of repetition)

(2) **정보의 저장 또는 보존**(storage or retention of the information)

학습된 정보는 잠재의식에 자동적으로 저장되는데, 한번 저장된 정보는 이미 언급한 바와 같이 결코 지워지지 않으며 살아있는 동안 계속 보존된다. 또한, 저장된 정보는 새로 들어온 정보와의 조직화에 의해서 보존에 방해받지 않고 더 크게 강화될 수 있다. 때로는 잠재의식에 의한 새로운 정보의 전사나 저장이 거부되는 경우도 있다.

어느 사건의 일부 또는 전부가 인격의 형성에 좋은 영향을 미치는 일련의 기억을 억압하는 경우가 있다는 것은 심리학의 일반적인 견해이며, 정보의 전사나 저장에 대한 잠재의식의 거부는 학생들의 심리형성 과정에서 일반적으로 존재하는 일이다.

(3) 기억해내기(recall)

'기억해내기'는 주어진 정보의 조각들을 기억해내기 원하는 양의 비율인데, 거꾸로 말하면 주어진 정보의 조각들을 필요로 하는 순간을 간섭하지 않는 비율이다.

분노, 신경질, 실패할지도 모른다는 걱정, 면접이나 시험 볼 때의 불안감의 엄습 등과 같은 기억의 간섭들은 일반적으로 집중력의 결여와 관계가 아주 깊다.

따라서 집중력은 '주어진 일을 수행하는 순간에 대한 간섭이 일어나지 않는 정도(자유도)'라고 정의할 수 있다.

사람들은 영화관에서 영화에 몰입해 있는 동안에, 소설책 읽기에 푹 빠져있는 동안에, 영화나 소설 속의 영웅과 동일시하는 동안에, TV를 보고 있는 동안에, 그리고 열심히 일하는 동안에는 누구나 집중(concentration)한다.

집중력은 렌즈의 빛을 모으는 작용으로 빛이 한 점에 모이듯이 중심을 향해서 모아지는 작용이며, 정신 집중은 흥미가 한 중심으로 집중되는 작용을 의미한다.

그런데 많은 학생들이 일상생활에서는 결코 집중력이 결여되지 않는데, 공부하는 동안 또는 면접이나 시험을 보는 동안에는 집중이 되지 않는다고 불평하는 것은 참으로 아이러니한 일이다.

이는 집중력 즉, 흥미의 중심으로 돌아오는 일은 매일의 생활 속에서 주어진 목표를 향한 관심과 노력들로 이뤄지는 습관과 분명히 깊은 관계가 있음을 의미한다.

집중력은 기억에 아주 중요하며, 집중력과 기억, 이 둘은 일반적으로 하나의 암시로 묶여 제공된다.

그러나 우리의 신념 속에 이 둘은 분리되어 발달할 수가 있으므로, 우리는 러닝 마인드컨트롤을 통해서 집중력(concentration)과 기억력(memory)을 향상시키는 암시의 기술을 분리해 제공할 것이다.

3) 기억력 강화를 위한 암시의 기술

학습해야할 필요가 있을 때 학습에 대한 흥미와 관심이 높아지고, 선생님에 대한 흥미와 존경심은 학습에 대한 흥미뿐만 아니라 학습 중의 집중력에 큰 영향을 미친다.

학습 중의 흥미와 집중력은 기억력의 강화(improving memory)나 기억력의 향상(upgrading memory)에 있어서 매우 중요하므로 이를 위하여 관계되는 모든 사항들을 고려하여 이렇게 암시한다.

"지금 나의 기억력은 점점 향상되고 있다"

"나는 모든 것을 간직하고 기억하는데 아주 흥미가 있다"

"나는 내가 공부한 것을 모두 기억하고 간직하는데 아

주 흥미가 있다. 그리고 여러 가지의 사건과 사람들을 기억하는데도 아주 흥미가 있다. 이는 나의 생활을 더욱 흥미롭고 풍부하게 해준다."

"실제로 나는 나의 집중력을 더욱 강화시키는 훈련을 하고 기억력을 증진하기 위한 암시를 연습하는 것이 아주 재미있다."

"나의 기억력에 영향을 주는 모든 장애들은 즉시 멀리 사라진다. 가르치는 선생님의 성격과 품위가 나의 삶의 목표와 잘 어울려 나의 공부에 도움이 된다. 나의 잠재의식은 공부에 방해가 되는 모든 부정적인 상황들을 즉시 녹여 없애버린다."

"나는 알고 있다. 내가 읽고 듣고 공부하는 모든 것이 나의 잠재의식에 즉시 입력되고 한번 입력된 것은 결코 지워지지 않으며 나의 메모리 뱅크(기억의 창고)에 모두 저장된다는 것을 나는 알고 있다."

"내가 공부하는 것은 어느 것이나 나의 마음속에 아주 잘 조직화되고, 내가 지금 배우고 있는 것이 이미 알고 있는 것들과 잘 연결되어 강화되기 때문에, 공부하는 즉시 기억된다."

"나는 기억을 할 때 자연적이거나 인위적인 연상법을 사용하므로, 나의 순간적인 관심과 집중력은 내가 공부하는 지식들을 생생한 영상으로 기억할 수 있도록 도와준다."

"나는 규칙적이고도 주기적인 복습과 내가 배워야 할 내용들을 예습하기를 좋아한다. 나는 밑줄을 그어 놓은 중요한 사항들에 대한 대답을 끊임없이 연습한다. 나는 선생님이 낼 시험문제들을 예상하여 아주 여유롭게 나 스스로 묻고 답한다."

"어떠한 지식 정보일지라도 내게 필요할 때면 언제나, 내가 어떠한 주제를 놓고 논의하고 있든, 그 지식 정보를 복습하고 있든, 그 지식 정보를 가르치고 있든, 쓰고 있든, 필요한 지식 정보들이 나의 마음속으로부터 샘솟아 오른다. 마치 샘 속에서 물이 솟아오르듯이…"

"내가 기억해내고 싶은 것은 어느 것이나 당황하거나 잊어버리지 않고, 잘 떠오른다."

"'자 이러이러한 것을 기억해내자'라고 말하는 순간 그 모든 것이 나의 마음속에서 샘솟아 떠오른다. 나의 잠재의식이 정보의 창고를 활짝 열어 줌으로…"

"언제 어디서나 나는 나의 잠재의식 속에 저장된 많은 지식들을 아주 쉽게 떠올려 사용할 수가 있음으로 나의 마음은 고요하고 항상 자신에 차있다."

"수업을 할 때나 공부할 때, 면접을 위하여 또는 시험을 위하여 앉아 있을 때, 어디서나 나는 단지 '필요하다'는 말만 반복하면 필요한 모든 정보들이, 필요한 모든 지식들이 샘솟아 올라 나는 아주 쉽게, 아주 조용하게 마음속에 떠올릴 수 있다. 나는 지금 아주 훌륭한 기억력을 가지고 있으므로…"

"그리고 내가 셋을 세면 즉시 깊은 잠재의식 속으로 유도되어, 공부하든, 복습하든, 어떤 흥미로운 일로 앉아 있든, 아주 집중이 잘되고, 아주 잘 연결되고, 안정된 마음속에 필요한 지식과 정보들이 떠올라, 내가 필요할 때면 언제나 기억해낼 수 있다." "하나, 두울, 세엣!!"

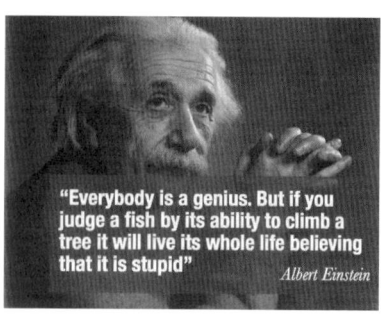

Albert Einstein

천재가 되는 비밀 공부의 기술 17
집중력의 강화와 속독력의 향상 기술

— 집중력 강화와 빠르게 읽기를 위한 암시의 요령

집중력(upgrading concentration)의 강화와 속독력(rapid reading)의 향상은 학습하는 방법을 공부함에 있어서 매우 중요한 요소들이다.

러닝 마인드컨트롤은 집중력을 향상시키기 위한 중요한 도구이자, 속독력을 향상시키는 데 도움이 되는 암시로도 사용할 수 있다.

빠르게 읽기는 빠르게 읽는 훈련과 연습이 필요하며, 빠르게 읽기의 훈련과 함께 잠재의식으로 하여금 이를 도울 수 있도록 계속적으로 암시를 하면 훈련의 시간이 단축되고 빠르게 읽기의 능력이 강화된다.

1) 집중력의 강화를 위한 암시의 기술

집중력은 일반적으로 학습 내용의 흥미, 선생님에 대한 사랑과 존경심 등에 따라 강화될 수 있는데, 특별히 러닝 마인드컨트롤로 집중력을 더 크게 키울 수 있다.

잠재의식에의 집중에 관한 계속적인 암시는 잠재의식으로 하여금 스스로 집중할 수 있도록 해주며 집중에 방해가 되는 요인들을 제거하는 작용을 한다.

집중력의 강화(improving concentration)를 위하여 다음과 같이 암시한다.

"나는 일을 하든, 책을 읽든, 공부를 하든, 내가 무엇을 하든지 아무런 방해없이 모두 흡수한다. 나는 다른 일에 한눈 팔지 않고 오직 직면한 문제에만 전념한다. 나는 전화기 소리라든가 문 여닫는 소리, 시계의 재깍거리는 소리조차도 전혀 들리지 않고 공부에만 온힘을 쏟는다. 나는 나의 마음에 영향을 줄 수 있는 사람들의 움직임이라든가 시끄러운 소리 그리고 말소리들이 들리면 들릴수록 내가 하고 있는 공부에 더욱 집중된다. 더욱더 집중력이 강해진다."

"나는 내가 하는 모두를 기억한다. 지금부터 나 자신에 대하여 집중한다. 나는 즉시 내가 하고 있는 공부에 몰두하고, 그것에만 초점을 맞추고, 내가 하는 공부에 흥미를 가진다. 내가 책을 읽든, 공부를 하든, 수업 시간에 출석해 있든, 나는 나의 마음을 내가 하고 있는 것에 집중한다. 나는 밖으로부터의 시끄러운 소리나 목소리들에 결코 방해를 받지 않는다. 또 몸이 가렵거나 경련 등으로부터 방해받지 않고, 나의 생각이나 느낌은 항상 신선하다."

"하나, 둘, 셋, 자 (이러이러한) 시간까지 오로지 지금 하고 있는 공부에만 집중한다."

"모든 것들은 더욱더 선명하게, 더욱더 깊이 나의 잠재의식 속에 기록된다. 내가 알게 되는 것은 어느 것이나 자유롭게 나의 일반의식을 통하여 흘러들고 그 정보는 내가 이미 알고 있는 지식 속으로 더욱 잘 통합된다."

"나는 집중함으로써 받아들인 지식들을 나의 것으로 동화할 뿐만 아니라 이를 능동적으로 이용할 수 있다. 강도 높은 집중력은 나의 잠재의식에 여러 가지의 자료들을 더욱 잘 기록할 수 있으며, 정보의 어떠한 조각도 순간적으로 나에게 유용하게 한다. 그러한 정보는 내가 필요로 할 때에는 언제나 마치 샘물처럼 나의 잠재의식으로부터 솟아나와 수업을 들을 때나 시험을 볼 때에 아주 편안하게 자연스럽게 사용된다."

"자, 이제 셋을 세면, 나는 공부에 집중하는 나 자신을 본다. 계속해서 공부에 집중하고 있는 나 자신을 보면서, 내 주위의 모든 환경 속에서, 더욱더 집중할 수 있도록 하는 실마리 언어를 사용한다. '하나, 둘, 셋, 자 나는 (이러이러한) 시간까지 집중한다.'"

"나는 공부에만 몰두하고, 공부에만 초점을 맞추고, 그래서 공부에 흥미를 느끼고, 나의 마음과 나의 감각이 공부에만 집중하기 때문에 나는 오직 공부만을 생각하고 공부 이외에 내가 느끼는 것은 아무것도 없다. 나의 일반의식을 위한 새로운 나의 습관과 나의 잠재의식을 위한 새로운 습관을 위하여 실마리 언어를 사용한다. 자 이제 전체적인 집중을 위한 실마리 언어는 '하나, 둘, 셋, 자 나는 (이러이러한) 시간까지 집중한다'이다."

"나는 교실에서 공부할 때, 수업을 할 때, 아무런 방해 없이 내가 공부하고 있는 무엇이나 다 소화해낼 수 있다. 그리고 공부한 것을 바탕으로 정리하여 쓸 때나 발표할 때나 서로 의견을 교환할 때 유용한 자료가 된다."

"'하나, 둘, 셋, 자 나는 (이러이러한) 시간까지 집중한다.'는 실마리 언어를 생각하는 즉시 오로지 지금 하고 있는 공부에만 집중한다."

"나는 깊은 최면 속에서도 보통 때처럼 행동하고, 집중하여 공부하고, 책을 읽고 그리고 시험을 본다. 그리고 오직 공부에만 집중하고 있기 때문에 지금까지 공부한 내용이 모두 생각날 것이고, 또 잘 정리되어 답안을 간결하게 쓸 수 있으며, 요약 정리하여 발표할 수 있다."

2) 빠르게 읽기를 위한 암시의 기술

읽는다는 것(reading)은 단지 단어를 소리 내어 읽는 것만을 의미하는 것이 아니라, 글의 사실과 느낌, 생각들을 이해한다는 것이다.

읽기는 저자의 마음과 읽는 사람의 마음이 연결되는 과정으로서, 마음과 마음의 연결은 읽는 사람의 눈에 의해서가 아니라 읽는 사람의 눈을 통하여 이루어지는 것이다.

읽기(reading)는 듣기(hearing)와는 다르게 과정이 빠르다.

듣기는 들은 단어들이 이해되기 위해서 시간이라는 요소가 꼭 필요하다. 소리를 듣고 그것을 재구성해 생각하는 시간이 필요하기 때문이다.

그러나 읽기에는 그런 과정이 필요치 않다. 따라서 빠르게 읽는 것은 주어진 시간에 입력할 수 있는 정보의 양을 결정하므로, 이는 공부에 있어서 매우 중요한 요인이 된다.

빠르게 읽기(rapid reading)는 단어를 빠르게 읽는 것이 아니고 아이디어를 빠르게 읽어냄으로서 글의 흐름, 또는 저자의 생각의 흐름을 인식하는 것이다.

빠르게 읽기에는 여러 가지의 방법이 있을 수 있다.

문법적으로 말하면 아이디어는 문단(paragraphs)에 의해서 표현된다.

빠르게 읽기 위해서는 그 문단의 골격이 되는 말을 찾아내야 한다. 이 골격이 되는 말을 키워즈(key words)라고 한다.

키워즈는 아이디어의 흐름을 인식하는 말 또는 아이디어의 골격을 이루는 말로, 이 가운데 이름, 날짜, 숫자와 동사들이 가장 중요하다.

아이디어를 빠르게 인식하기 위해서는 빠르게 읽어야 하는데, 빠르게 읽기 위해서 단지 단어를 위해서 단어를 읽는 습관을 버려야 한다.

빠르게 읽기의 훈련에는 눈길 주기(increasing the eye span)와 눈의 주기적 변동에 대한 새로운 습관들이기(conditioning a new habit of eye rhythm) 등 두 가지의 방법이 있다.

(1) 눈길 주기(eye span)의 훈련

눈길 주기(eye span)의 훈련은 마치 순간노출기(tachistoscope)처럼 인식하는 능력을 짧은 시간에 향상시키는 것이다.

(2) 눈의 주기적 변동의 훈련

눈의 주기적 변동(eye rhythm) 훈련은 한 줄의 양끝 즉 두 고정점으로 문장을 빠르게 읽어 내려가는(rapid going down) 능력을 갖추도록 새로운 습관을 들이는 것인데 이는 점차적으로 익힐 수 있게 된다.

위의 두 가지 훈련을 동시에 해나간다. 눈은 칼럼에 고정하고 목만을 움직여 문장의 한 줄을 한꺼번에 인식하며 읽어 내려가야만 한다.

이를 연습하는 좋은 도구는 신문인데, 한 줄의 폭이 약 5cm(2 inches)인 신문의 칼럼을 **빠르게** 읽어 내려가는 것이다.

처음에는 한 줄에 눈의 두 고정점을 두지만 나중에는 한 줄을 한 번에 보게 된다. 그렇게 해서 훈련이 되면 한 칼럼을 한 번에 읽을 수 있게 된다.

열심히 약 6주간 훈련하면 평소의 두 배 정도 더 **빠르게** 읽을 수 있게 될 것이다.

두 가지의 훈련을 모두 익히게 되면 책을 읽으면서 저자의 아이디어를 파악하는데 평소의 약 3배 **빠르기**로 할 수 있게 된다.

읽으면서 "저자가 말하려는 것이 무엇일까?", "이 글의 포인트는?", "저자의 아이디어가 나타나 있는 문단은?"과 같은 질문들을 해결해야 한다.

물론 그러한 저자의 생각이 단어로 표현되어 있는 것은 아니고 책을 읽으면서 읽는 사람의 마음에 떠올라야 한다.

이는 **빠르게** 읽기보다 더 중요한데 단지 **빠르게** 읽기의 훈련만으로 이루어지는 것은 아니다.

(3) 빠르게 읽기의 수련과 읽기 속도의 향상을 위한 후최면 암시의 요령

러닝 마인드 컨트롤은 빠르게 읽기의 수련과 빠르게 읽을 수 있는 능력을 향상시키는데 큰 도움이 된다.

암시가 잠재의식으로 하여금 그렇게 할 수 있도록 작용하기 때문이다.

특히 후최면 암시(post hypnotic suggestion)는 빠르게 읽기의 수련과 속도의 향상을 위하여 아주 효율적이다.

빠르게 읽기와 효율을 증강시키는 암시는 다음과 같이 한다.

"나의 잠재의식은 문장의 전체적인 경향을 잘 파악하고 있다. 빠르게 읽기는 아이디어를 파악하는 매우 좋은 방법이다. 나의 잠재의식은 문장을 이루는 불필요한 단어들을 제거하여 빠르게 읽기를 더욱 효과 있게 해준다."

"나는 더욱 빠르게 읽기 위하여 노력하고 있고, 그렇게 되기를 원하며, 그렇게 되도록 빠르게 읽는 방법을 연마하고 있다. 나의 잠재의식은 내가 빠르게 읽을 수 있도록, 아이디어를 빠르게 파악할 수 있도록 도와준다."

"내가 책을 읽으면 전보다 더욱더 활동적으로 되고, 저자가 직접 밝히고 있지 않은 생각의 실마리를 잘 잡아 낼 수 있다."

"내가 읽을 때 나의 잠재의식은 키워즈(key words), 아이디어의 흐름을 알 수 있게 해주는 말들 그리고 아이디어를 형성하고 있는 말들을 나의 눈앞에 샘솟게 해준다."

"나의 잠재의식은 내가 **빠르게** 읽을 때 날짜, 이름, 숫자들이 어느 때보다 더욱 흥미로워지고, 나의 눈이 그것들을 즉시 읽어낼 수 있도록 해준다."

"내가 신문의 칼럼을 빠르게 읽기 위하여 줄 위에 눈을 고정하고 눈길을 주며 빠르게 읽어 내려가는 것을 연습할 때, 나의 잠재의식은 이러한 눈의 훈련을 도와주어 매일매일 더 잘 할 수 있게 된다. 또 빠르게 읽어 내려가면서 내용을 신속히 파악할 수 있도록 나의 목은 아주 효율적으로 움직인다."

"내가 무엇을 읽든지 언제나 습관적으로 복습이 이루어진다. 읽기를 마친 즉시 나의 잠재의식은 복습을 시작한다."

"그리고, 내가 데이터 자료의 숙지를 위하여, 아이디어의 파악을 위하여 책을 빠르게 읽을 때, 나의 잠재의식은 더욱 잘 할 수 있도록 도와주며 그래서 나는 즐거운 기분으로 읽을 수 있다."

"자, 내가 셋을 세는 즉시, **빠르게** 읽을 수 있는 나의 모든 능력이 최대로 된다. 하나 두울 세엣."

천재가 되는 비밀 *공부의 기술* **18**

학습 장애의 제거와 목표의 달성 기술

— 학습 장애의 제거와 목표의 달성을 위한 암시의 요령

1) 학습 장애를 제거하는 암시 기술

(1) 학습 장애의 요인들

학습 장애의 중요한 요인 중의 하나는 많은 수의 학생들이 마치 "실패를 바라는 마음(the wish to fail)"처럼 "안 될 거야, 쉽지 않아, 나는 안 돼, 나는 못해"라고 때마다 불평하는 것이다.

그러나 실제로는 어떤 이유에서 잠재의식에 형성된 죄의식이나 의지심이 성공을 방해하고 있는 것일지도 모른다.

학습 장애의 두 번째 요인은 "학습동기의 결여(lack of motivation)"이다.

잠재의식에 들어 있는 "나는 안 돼"라는 부정적인 마

음을 제거하고 "나는 할 수 있어"라는 긍정적인 마음으로 바꾸어 주는 암시를 함으로써 학습의 장애를 없애버릴 수 있다.

(2) 부정적인 마음을 긍정적으로 바꾸는 암시 [1]
― 구름과 태양

"자 이제 셋을 세면, 나는 구름을 떠올린다. 나의 머리 위에 떠다니는 구름, 나의 주위에 떠있는 구름을 상상하면 나는 나의 마음의 눈으로 그것을 볼 수 있다. 나는 오른손의 새끼손가락을 움직인다." "하나, 둘, 셋." "좋다, 아주 좋다." (새끼손가락이 움직인다. 다른 손가락이 움직일 수도 있다.)

"학교에서, 일상생활에서 나의 성공을 방해하는 모든 것들이 구름이 되어 나를 감싸고 있다. 구름은 나의 일상생활의 모든 부정적인 요인들이고, 모든 부정적인 시도들이며, 실패할 것이라는 생각을 비롯해 나의 모든 부정적인 생각들이다. 구름은 부모와 선생님에 의하여 나의 생활 속에서 어떤 이유로 잠재의식 속에 형성된 모든 부정적인 것들이고, 나 자신을 벌하거나 실패하도록 입력된 잠재의식이라고 생각한다. 또한 이 구름은 과거의 모든 부정적인 습관들이다."

"이제 그런 구름을 뛰어넘고 그 뒤로 자세히 보니 태양이 보인다. 오랫동안 가려져서 잘 보이지도 않고 희미했던 태양이 선명하게 나타나 이제 아주 똑똑히 보인다. 밝게 타오르는 태양은 나의 삶의 의지요, 자유의 욕망이며, 풍요와 성공적인 삶이다. 자, 여기에 태양이 있다. 나는 밝고 밝은 태양 앞에서, 기쁨으로 태양을 바라보는데, 태양은 구름을 통하여 밝은 빛을 비춘다. 구름은 따뜻한 햇살에 밀려 점점 증발되어 사라진다. 태양이 구름위에서 역사하여, 나의 어깨위에서 나를 짓누르던 무겁고 커다란 통나무를 떼어버려 이제 나의 어깨는 아주, 아주 가벼워졌음을 느낄 수 있다."

"자 지금 내가 보고 있는 것처럼 태양이 구름을 날려버리고 증발시켜 버린다. 나는 자유롭고 행복한 삶과 학업 성취를 방해하는 모든 것들이 멀리멀리 사라지는 것을 본다. 내가 깊은 잠재의식 속에 있는 동안 태양이 구름위에 아주 따뜻한 햇살을 비춰줄 것이고, 결국 구름은 완전히 사라진다. 마치 떠오르는 태양의 따뜻한 햇살에 사라지는 아침 안개처럼."

"나는 따사로운 햇살이 나의 몸과 피부에 닿아 달아오르는 따뜻함을 느낀다. 그리고 따사로운 햇살은 글자들이 되어 나타난다. '성공(success)', '열중(enthusiasm)', '자신감(confidence)', '확신(conviction)', '집중(concentration)', '강력한 기억력(intense memory)' … 계속하여 글자들이 나타난다. 내 자신의 삶에 바라는 모든 일들이 글자가 되어 확실하게 나타난다."

"자 이제 밝은 태양이 떠오르고 구름이 사라지듯이, 나의 공부를 방해하는 모든 부정적인 장애들이 사라져버리고, 나는 자신감에 차서 공부에 열중하며, 나의 강한 집중력은 공부한 중요점들을 모두 기억할 수 있도록 도울 것이다. 내가 하나에서 열을 세면 나의 잠재의식은 그렇게 작동을 시작한다. 하나, 둘 … 아홉, 열!"

Clark Hull, 예일대학 교수

(3) 부정적인 마음을 긍정적으로 바꾸는 암시 [2]
― 낙엽 태우기

"자 이제 셋을 세면 나는 정원(garden)에 서있는 나를 본다. 정원은 나의 일생을 그려내고 있다. 일생의 정원에 서있는 나의 모습을 상상할 때, 오른손/ 왼손 엄지손가락을 움직여본다. 하나, 두울, 세엣. (엄지손가락이 움직이면) 좋다."

"자 여기는 나의 일생의 정원이다. 주위를 천천히 둘러본다. 정원의 여기저기에 마른 낙엽들이 뒹굴고 있다. 이제 이 낙엽들을 나의 일생에 일어났던 모든 좌절들, 모든 굴욕들, 모든 부정적인 일들, 모든 열등감의 상황들, 모든 부당한 느낌, 모든 거절, 모든 반대 그리고 나에 대한 모든 부정적인 말들이라고 생각한다."

"자 이제 이러한 모든 낙엽들을 주워 소각장에 모아놓고

불을 붙인다. 낙엽들이 불에 타기 시작한다. 타고 있는 낙엽마다 이름을 붙여본다. 나의 일생에 있었던 결코 동의할 수 없었던 사건들이 타서 없어진다. 타서 사라지는 낙엽들 중에는 실패를 바라는 잠재의식의 자학, 자벌, 자책, 나의 권위와 체면을 구겼던 사람들, 과거의 부정적이었던 많은 일들, 자꾸 미루고 꾸물대던 나쁜 버릇들, 게으름, 이러한 낙엽들이, 나의 일생의 정원에서 뒹굴던 낙엽들이 타서 사라지는 것을 보고 있다."

"나는 내 인생 여정의 모든 부정적이었던 낙엽들이 타서 재가 되어 사라져 버리는 것을 바라보며 즐거움을 느낀다. 모든 부정적인 것들을 없애버리는 희열감과 자유로워짐을 느끼며, 재로 변한 낙엽이 바람에 날려 사라지는 것을 보고 있다. 나의 일생의 정원에 있는 나머지의 낙엽들도 모두 태워버리며 너무나 즐겁고 가벼운 마음이 되는 것을 느낀다. 이제 나의 모든 부정적인 것들은 모두 사라져 버렸다."

"그래서 이제는 기쁨으로, 열망을 갖고, 열심히, 희망으로 즐거워하며 공부한다. 집중하여 공부한다. 나의 잠재의식은 나의 집중력과 기억력을 최대로 발휘하도록 해주므로 나는 이제 편안히, 즐겁게 공부한다. 하나에서 셋을 세면 깨어난다. 아주 즐겁다. 무거운 통나무가 떨어져 나간 나의 어깨는 너무나 가볍다. 하나, 둘, 셋."

(4) 부정적인 마음을 긍정적으로 바꾸는 암시[3]
― 즐겁게 공부하기

"나는 지금 나의 성공의 장애물들을 모두 제거하였다. 그래서 나는 학생으로서의 생활이 쉽게, 새롭게 하는 것에 자유로움을 느낀다. 나는 지금 집중력의 향상과 기억력의 강화 그리고 빠르게 읽기를 위하여 러닝 마인드컨트롤을 연습하는 것이 아주 즐겁다. 나는 지금 학습의 성취를 위하여 한 단계 한 단계 앞으로 나아가는 것이 아주 기쁘다. 나는 공부를 잘하기 위하여 내가 해야 하는 일들을 즐거운 마음으로 해나가고 있다. 그것을 다른 학생들은 훈련이라고도 하고, 피하기도 하며, 조롱하기도 하지만, 나는 아주 즐겁다."

"나는 매일, 매주, 일정한 시간에 내가 공부하는데 필요한 러닝 마인드컨트롤을 공부하고 적용하기 위하여 선생님을 만나는 것이 즐겁다. 그 시간이 기다려진다. 그리고 내가 러닝 마인드컨트롤을 배우는 것이 쉽고 공부하는 데에 매우 효과적임을 알기 때문에 나는 배운 바를 복습하는 습관을 즐겁게, 아주 즐겁게 해내고 있다.

이제는 일주일 동안 공부한 것을 복습하는 일이 나의 습관이 되어 버렸고, 한 달 동안 연습한 것을 다시 복습하는 일이 나에게 아주 자연스러운 일이 되어 버렸다. 그래서 나는 러닝 마인드컨트롤을 능숙하게 할 수 있게 되리라는 것을 결코 의심하지 않는다."

"모든 것들이 나의 학업성취의 일부분이기 때문에 나에게는 매우 흥미롭다. 나는 이러한 훈련을 통하여 특별 과외활동이나 사회적인 활동을 배우며 아주 좋은 시간을 보내고 있음을 알고 있다. 나는 매일매일 해야 하는 일들을 아주 잘 해내고 있고, 이것이 바로 성공을 담보하는 보험증서라는 것을 안다. 그래서 나는 매우 즐겁다."

"이제 셋을 세면, 하루 동안, 일주일 동안 그리고 한 달 동안에 배운 모든 것들을 복습하고 모두 나의 것으로 만들며, 이것은 모두 나의 잠재의식 속에 기억된다. 그리고 그 모든 것을 나는 즐긴다. 하나, 둘, 세엣."

2) 목표의 달성을 위한 암시의 기술

William James에 따르면 평균적인 사람은 그의 능력을 10% 이상 발휘할 수 없다고 한다. 그런데 러닝 마인드컨트롤을 할 수 있다면 이러한 평균의 법칙을 뛰어 넘을 수가 있고, 평균 10% 보다 더 높은 학습 결과를 얻을 수가 있다.

러닝 마인드컨트롤 기술을 사용하여 훈련하면 집중력을 증진시킬 수 있고, 기억력을 강화할 수 있어서, 학습능력이 향상되기 있기 때문이다.

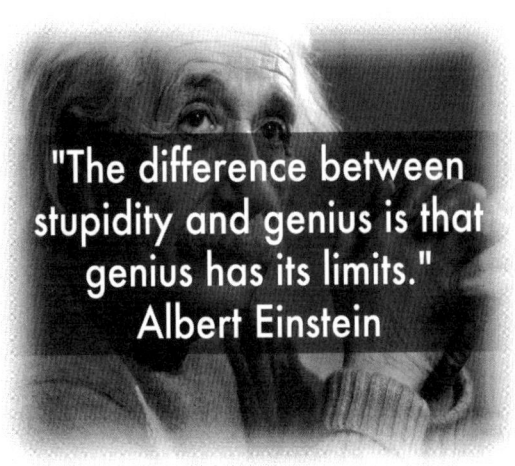

(1) 시각화(visualization)를 통한 목표 달성의 암시 요령

"셋을 세면 나에게 아주 흥미로운 어떤 것이 보인다.

내가 '셋'이라고 수를 세면 지금으로부터 5년 전에 있었던 두 가지의 학업 성적이 보이게 된다.

두 가지의 학업 성적이 나란히 한꺼번에 보이거나, 하나가 보인 후 또 다른 것이 보일수도 있다.

나는 집중력을 증진시키고 나의 기억력을 강화하며 학습 능력을 향상시키는 마인드컨트롤 기술을 사용할 수 있다. 그래서 보통 때보다도 최소한 10%이상 향상된 성적을 올릴 수 있다.

하나는 보통 때의 결과이고 다른 하나는 내가 마인드컨

트롤 기술을 사용하여 얻은 높은 점수의 결과이다. 하나 두 울 세엣"

(2) 잠재의식에의 명령을 통한 목표 달성의 암시 요령

"나는 집중력의 증진이나 기억력의 증강 그리고 학습능력의 향상을 위하여 필요한 러닝 마인드컨트롤 기술을 능숙하게 발휘할 수 있다. 나는 나의 학생 생활동안에 이를 학습훈련에 아주 유용하게 사용할 수 있다.

내가 배운 러닝 마인드컨트롤을 이용하여 학습하면 평소에 얻었던 성적보다도 최소 10% 이상의 아주 향상된 성적을 성취할 수 있다. 이는 집중력이, 기억력이 그리고 학습 능력이 아주 많이 향상되기 때문이다. 나는 공부를 매우 잘 할 수가 있다.

이제 셋을 세면 후최면 암시가 작동하여 나의 집중력이 향상되고, 기억력이 강해지며, 학습하는 능력이 향상되어, 공부하는 내용이 모두 나의 잠재의식 속에 잘 정리되어 기억된다. 그리고 공부하는 동안 기분이 아주좋아 진다. 하나, 두울, 세엣."

(3) 상상력(imagination)을 통한 목표 달성의 암시 요령

"William James에 따르면 평균적인 사람은 그의 능력을 10% 이상 발휘할 수 없다고 하지만, 나는 마인드컨트롤을 할 수가 있기 때문에 이러한 평균의 법칙을 뛰어 넘을 수가 있고, 평균 10% 보다 더 높은 결과를 얻을 수가 있다.

나는 마인드컨트롤을 할 수 있기 때문에 나의 집중력을 증진시킬 수 있고, 나의 기억력을 강화할 수 있으며, 나는 마인드컨트롤을 능숙하게 발휘할 수가 있기 때문에, 나에게는 학업을 수행하고 목표를 달성할 수 있는 능력이 있다."

"자 이제 셋을 세면 나는 (몇) 년 후 내가 졸업할 때에 얼마나 잘할 수 있었는가를 상상할 수 있다. 매우 향상된, 만족할만한 학업성취로 기뻐하는 나의 모습이 떠오른다. 그리고 학업과 과외활동 등 모든 나의 학창생활이 매우 발전되고 나 자신을 위한 노력과 시간이 얼마나 절약되었나를 상상할 수 있다. 공부할 때 암시를 적절히 사용해왔으므로. 하나 두울 세엣."

천재가 되는 비밀 **공부의 기술** 19

학습을 위한 러닝 마인드컨트롤 기술

— 공부하는 방법과 공부하는 기술

1) 학습하는 방법을 공부하는 비술(祕術) 러닝 마인드컨트롤

'학습하는 방법의 공부'에서 설명하는 '학습의 방법'은 심리적 또는 정서적 이유로 인해 학습할 수 있는 능력에 방해를 받지 않는, 이른바 정상적인 보통 학생들을 대상으로 한다.

학생들 각 개인마다의 능력이나 지성에 상당한 차이가 있을 것이다. 지능지수가 높은 학생은 당연히 쉽게 학습할 수 있으며 일반 학생들보다 좋은 성적을 받게 된다. 그런 학생은 러닝 마인드컨트롤을 배울 필요가 없다고 생각할 수 있다. 물론, 그것으로부터 받는 효과는 다른 학생들에 비해 상대적으로 적을 수도 있다. 그러나

'러닝마인드 컨트롤'이 주는 효과가 매우 큰 만큼, 머리가 좋은 학생이라 하더라도 '학습하는 방법의 공부' 즉 '러닝 마인드컨트롤' 기술을 배워두면 그만큼 더 앞설 수가 있다.

또 다른 학생의 경우를 보자. 극단적인 예를 들어, 매우 열심히 노력을 하는데도 다른 사람을 겨우 따라갈 수 있는 정도에 그친다든가, 낙제 점수밖에 받지 못해 학교에 다니는 것조차 힘든 학생, 그런 학생들이야말로 러닝 마인드컨트롤 기술을 배우면 학습에서 최대의 효과를 올릴 수 있다. 평균적인 성적을 보이는 학생들의 경우는 어떨까? 앞의 경우만큼 크지는 않더라도 상당한 성과의 혜택을 받는 쪽이 바로 평균적인 학생들이다.

'학습하는 방법의 공부' 즉, '러닝 마인드 컨트롤'의 효과는 학습의 능력향상 뿐만 아니라, 넓은 의미의 교육적인 효과측면에서 볼 때, 원활한 사회적인 접촉, 보다 편안한 대인관계, 스포츠, 연극 등 학교 내 특별활동이나 기타 운동을 통한 건강 증진 등의 성과가 있을 수 있다.

이처럼 '러닝 마인드컨트롤'은 모든 분야에 적용되는 '학습하는 방법을 공부'하는 뛰어난 비술(the secret art)이지만, 여기에서는 일단 교실에서 동일 집단을 대상으로 이루어지는 교과서에 의한 학습만을 다루기로 한다.

'러닝 마인드컨트롤'의 커다란 장점 가운데 하나가 보다 많은 지식을 보다 빨리 배울 수 있으므로, 학습 시간이 짧아진다는 점이다. '공부하는 방법의 개선'으로 학습 시간을 단축시킬 수 있다면 그만큼 마음의 여유와 시간적인 여유가 생기게 되고, 자신이 하고 싶어 하는 특별 활동에도 시간을 더 할애할 수 있다.

2) 속독력(rapid reading)의 향상을 위한 후최면 암시의 기술

책을 읽는 속도는 개인의 능력과 책의 속성에 따라 다를 수 있다. 일반적으로 재미있는 소설을 읽을 때보다 교과서나 논문 등 학문적인 것을 읽을 때 시간이 더 걸린다.

또한 활자의 크기, 칼럼의 폭 등에 따라서도 달라질 수 있다. 읽는 속도가 매우 느린 사람은 평균적이거나 그 이상의 속도로 읽는 사람에 비해 학습 시간이 더 많이 필요한 것은 당연하다.

또, 읽기가 느린 사람은 단어에 신경을 쓴 나머지 전체적인 내용을 파악하는 것이 힘들다. 대체로 느리게 읽는 것 보다 빨리 읽는 편이 이해하는 속도가 빠르다.

속독(rapid reading) 강습에서 놀랍도록 높은 성적을 올리는 사람들이 있다. 케네디 대통령은 1분 동안에 2,500 단어를 읽었다고 하지만 그보다 더 빨리 읽을 수 있는 사람도 많이 있다.

읽기 속도가 어느 정도이든 만일 러닝 마인드컨트롤 상태에서 책을 읽는다면 시간을 절약할 수 있는 큰 혜택을 받는 것에는 틀림이 없다. '학습하는 방법'을 공부하지 않는 학생도 열심히 연습을 하면 어느 정도 빨리 읽을 수 있게 되지만, 빨라 질 수 있는 속도는 약 10% 정도다.

그러나 러닝 마인드컨트롤 기법을 학습한 후 자기 암시를 하고 책을 읽으면 케네디 대통령처럼, 또 그 이상 몇 배의 속도로 읽을 수가 있다.

John Fitzgerald "Jack" Kennedy

책을 빠른 속도로 읽기 위하여 다음과 같이 암시 한다.

"나는 깊은 최면 속에서 공부를 하거나 책을 읽으면 평소보다 **빨리** 읽을 수 있다. 이완되고 집중력이 증가되기 때문이다.

이완되면서 나의 머리는 매우 **빨리** 회전한다.

나에게는 공부하고 있으면서 무기력해지는 일이 전혀 없다.

읽고 있는 내 눈의 움직임은 **빠르며** 책장을 넘기는 내 손의 움직임도 **빠르다**.

노트를 정리할 때에도 **빠르게**, 그리고 분명하게 쓴다. 나의 잠재의식이 내가 공부하고 있는 내용 중에서 가장 중요한 것만을 골라내 주기 때문이다.

내가 노트하고 있는 것은 나의 공부에 큰 도움이 되는 아주 중요한 것들이다.

나는 깊은 최면 속에서 공부를 하고 책을 읽을 때 나의 뇌의 활동은 최고조에 이른다."

3) 집중력의 강화(improving concentration)를 위한 후최면 암시의 기술

암시는 긴장을 완화시키기도 하고, 권태롭고 무기력하게 만들어 주기도 한다. 그래서 졸음이 오고 잠들게 되는 수도 있다.

그러한 기분은 학습에는 바람직하지 못하다. 깊은 최면의 상태에 있는 사람은 움직이라고 하면 천천히 움직인다. '손을 얼굴까지 들어 올려라'고 명령하면 손을 매우 천천히 들어 올리는데, 움직이기 시작해서 완전히 손을 들어올리기까지 몇 초나 걸린다. 그러나 또 다른 암시에 의해서 그러한 상태를 극복할 수가 있다.

상대방이 잠재의식 속에 있는지 아닌지를 판단하려면 상대방의 행동을 보면 알 수 있는데, 완만한 동작, 표정 없는 얼굴, 그리고 어느 한 점을 응시하고 있는 눈 등의 특징으로 알 수 있다.

그러나 다음과 같은 암시에 의하여 이러한 특징들도 모두 극복할 수 있으며, 정상인 사람과 다른 점을 전혀 찾을 수 없게 할 수 있다.

이를 위한 암시는 스스로도 할 수 있다. 깊은 최면 속에서도 정상적인 동작과 행동 그리고 대화를 하기 때문에 보통상태에서인지 깊은 최면 속에서인지는 오직 본인만이 알 수 있을 뿐이다.

이를 위한 암시는 다음과 같이 한다.

> "나는 깊은 최면 속에 있음에도 동작은 활발하며 절도 있게 움직이고 조리 있게 대화를 하며 얼굴에는 표정을 충분히 나타낸다."

이러한 간단한 암시로 자신이 "깊은 최면 속에 있다"는 것을 다른 사람이 알아차릴 수 없도록 모든 징후를 없애버리고 중화시켜 버릴 수 있다.

이는 매우 중요한 사항이다. '러닝 마인드컨트롤' 기술을 습득했을 때, 위와 같은 후최면 암시로서 깊은 최면 속에서도 기민(smartness)하며 정상적인 속도로 동작할 수 있고 권태로움도 없앨 수 있다.

그러기 위해서는 먼저 눈을 뜬 채 깊은 최면 속으로 들어가는 연습이 필요하다.

또, 깊은 최면 속에서 공부하기 위해서는 강의가 시작되기 전에 깊은 최면 속에서 공부하기 위한 후최면 암시가 필요하다.

그리고 '빨리 읽을 수 있다. 요점만을 정리할 수 있다. 간결하게 정리하고 능숙하게 발표할 수 있다.'는 암시를 같이 해두면 잠재의식은 반드시 그렇게 하기 때문에 같은 학습 시간에 후최면 암시 전보다 더 많은 지식을 습득할 수 있는 것이다.

누구나 흥미를 가지면 보다 더 집중할 수 있다. 선택과목은 필수과목보다 재미있는 법이고, 좋아하며 재미있어 하는 과목에 좋은 성적을 올리는 것은 당연하다.

주의가 산만하면 공부하는 내용이 머릿속으로 제대로 흡수되지 못하기 때문에 기억해 내는 것은 불가능하게 된다.

공부를 하려는데 여기저기에 신경이 쓰이고, 좋아하는 연예인, 운동경기, 파티 등에 대한 생각이 난다. 문득 정신을 차리고 공부에 정신을 집중해 보지만 이내 또 정신이 흐트러진다.

그러나 깊은 최면 상태에서 공부하게 되면 아주 깊게 집중할 수 있으며, 이는 '러닝 마인드 컨트롤'의 가장 큰 장점이다.

공부할 때 집중력을 높이는 암시는 다음과 같이 한다.

"깊은 잠재의식 속에서 공부하면 주의가 모두 공부로만 집중되고, 결코 정신이 흐트러지는 법이 없다.

주위에서 들려오는 소리에 신경을 쓰지 않으며 내가 공부하는 것 이외에는 주의를 기울이지 않는다.

공부에 깊이 몰두하며, 비록 지금 하는 공부가 재미가 없다 하더라도 스스로 즐겁게 공부할 수 있도록 나의 잠재의식이 도와준다. 공부의 내용을 기억해야 하기 때문이다.

나는 공부에 집중한다. 나의 잠재의식이 그 지식을 흡수하고 완벽하게 기억해 둔다.

선생님으로부터 질문을 받았을 때, 또는 외우라는 지적을 받았을 때, 나는 공부한 것을 모두 잘 생각해낼 수 있으며 내용을 간결하게 요약하여 쓰거나 발표할 수 있다."

4) 후최면 암시를 사용하여 공부하는 기술들

공부를 시작하기 전에 깊은 최면 상태로 들어가서 공부하면 학습 내용의 흡수 즉, 이해와 기억을 높일 수 있다.

학습내용의 흡수와 학습에의 몰두를 위하여 후최면 암시가 필요하며, 이는 최면상태에서 후최면 암시를 하고 각성한 후 공부하는 방법이다.

또, 각성하지 않고 최면상태에서 공부하는 방법도 있다.

이 두 가지 공부 방법을 사용하여 수업시간에 학습을 할 때와 자율학습을 할 때의 각각의 암시 요령은 다음과 같다.

(1) 학과학습을 할 때, 후최면 암시 후 각성 상태에서 공부에 임하는 요령

학과학습 직전에 깊은 최면에 들어가 후최면 암시를 하고 각성한 후에 학과수업을 공부하는 방법으로 다음과 같이 후최면 암시를 한다.

"나는 각성 후 (한) 시간 동안 영어(수학, 스페인어)를 공부한다. 공부를 하는 (한) 시간 동안 나는 피곤하지도 않고 졸리지도 않을 것이다. 나의 잠재의식이 나를 돕기 때문이다. 선생님의 수업은 이해하기 쉽고 재미있다. 내용이 요점 정리가 되어 나의 머릿속에 잘 기억된다."

(2) 학과학습을 할 때, 후최면 암시 후 최면 상태에서 공부에 임하는 요령

학과학습 직전에 깊은 최면에 들어가 후최면 암시를 하고 최면 상태에서 학과수업을 공부하는 방법으로 다음과 같이 후최면 암시를 한다.

"나는 깊은 최면 속에서 공부를 하면 평소보다 더 잘 공부할 수 있다. 이완하고 집중력이 증가되기 때문이다. 나는 공부하는 동안 무기력해지거나 졸음이 오는 일이 전혀 없다. 화장실에도 가지 않는다.

책을 읽는 내 눈의 움직임은 **빠르고** 책장을 넘기거나 필기를 하는 내 손의 움직임도 **빠르다**. 노트 할 때에도 **빠르게**, 그리고 분명하게, 요점만을 정리하여 쓴다. 나의 잠재의식이 내가 공부하고 있는 내용 속에서 가장 중요한 것만을 골라내 주기 때문이다.

깊은 최면 속에서 공부를 하고 강의를 들을 때 나의 뇌의 활동은 최고조에 이른다. 그리고 깊은 최면 속에서 공부하고 있다 할지라도 수업 중 다른 사람들과 똑같이 활발하고 절도 있게 움직이며, 얼굴 표정이 아주 자연스럽게, 생각과 판단은 **빠르게**, 발표나 설명은 분명하고 요약된 내용을 조리 있게 발표한다.

강의의 흐름과 내용 그리고 요점들은 잘 정리되어 기억된다."

(3) 자율학습을 할 때, 후최면 암시 후 각성 상태에서 공부에 임하는 요령

자율학습 직전에 깊은 최면에 들어가 후최면 암시를 하고 각성한 후 자율학습을 공부하는 방법으로 다음과 같이 후최면 암시를 한다.

"나는 지금부터 (한)시간 동안 영어(수학, 스페인어)를 공부할 것이다. 공부를 하는 동안에 나는 졸리지도 않고 피곤하지도 않으며 화장실에도 가지 않을 것이다. 나의 잠재의식의 엄청난 능력이 나를 그렇게 도울 것이기 때문이다. 그리고 공부하는 내용이 일목요연하게 정리되어 나의 머릿속에 잘 기억된다. 공부한 후에 필요할 때 그 내용이 잘 떠오를 것이다."

(4) 자율학습을 할 때, 후최면 암시 후 최면 상태에서 공부에 임하는 요령

자율학습 직전에 깊은 최면에 들어가 후최면 암시를 하고 최면 상태에서 자율학습을 공부하는 방법으로 다음과 같이 후최면 암시를 한다.

"나는 앞으로 (세) 시간 동안 최면 속에서 영어(수학, 독일어)를 공부할 것이다. 공부하는 동안에 나는 졸리지도 않고 피곤하지도 않으며 화장실에도 가지 않을 것이다. 나의 잠재의식의 엄청난 능력이 나를 그렇게 도울 것이기 때문이다.

그리고 공부하는 내용이 일목요연하게 정리되어 나의 머릿속에 잘 기억된다. 그리고 필요할 때 그 내용이 잘 떠오를 것이다."

천재가 되는 비밀 *공부의 기술* **20**

복습을 위한 러닝 마인드컨트롤 기술

— 복습하는 방법과 자면서 공부하는 기술

1) 잠재의식에 의한 복습 기술

(1) 학습 직후의 복습 요령

그림 20-1은 전형적인 학습 후의 망각곡선을 나타낸 것이다. 학습 10분 후부터 망각이 시작되어 1시간이 지나면 약 50%를, 하루가 지나면 70% 이상을, 그리고 한 달 후에는 80% 이상을 잊어버리게 된다.

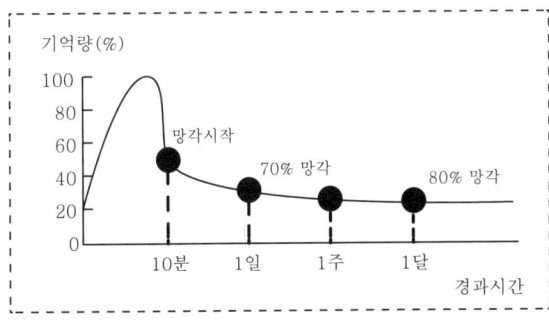

그림 20-1

 그래서 복습(review)이 필요하다. 정기적인 복습은 기억량(quantity of memory)을 높게 유지시켜준다(그림 20-2).

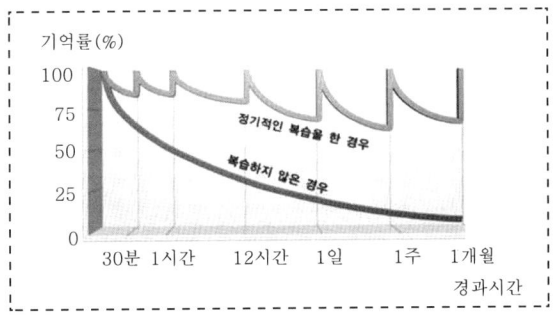

그림 20-2

그러나 학습량이 늘어감에 따라 복습의 필요한 양도 기하급수적으로 증가하므로 일반적인 상태에서는 전체적인 복습 자체가 어려워지고 복습을 열심히 한다하더라도 복습을 위한 시간이 너무 많이 필요하고 또 시간에는 제한이 있기 때문에 힘이 들고 결국 전체적인 복습은 불가능하게 된다.

그러나 최면복습을 이용하면 시간의 왜곡현상에 따라 어떠한 학습량도 모두 복습할 수가 있다. 이것이 "학습하는 방법을 공부"하는 비밀 중의 하나이다.

최면복습에 사용할 수 있는 러닝 마인드컨트롤의 또 한 가지 기술인 '시간의 왜곡(time distortion) 현상을 이용한 복습'은 학습한 전체를 잠재의식으로 하여금 아주 짧은 시간에 복습시키는 방법이다.

시간의 왜곡은 실제 긴 시간동안의 일을 아주 짧은 시간에 느낄 수 있는 현상으로서 예를 들면, 아주 재미있었던 한 시간이 마치 10분 정도 밖에는 지나지 않은 것으로 느껴지는 것과 같은 현상이다.

반대로 지루한 한 시간은 몇 시간이나 지난 것 같이 느껴지기도 하는데 이것도 역시 시간의 왜곡이라고 할 수 있다.

시간의 왜곡 현상을 이용하여 한 시간 동안 배운 내용을 3분 또는 5분 안에 복습하려면 깊은 최면 속에 들어가 있을 필요가 있다.

이러한 시간의 왜곡은 잠재의식이 일으키는 현상으로 깊은 최면 상태에서 더 잘 야기시킬 수 있지만 얕은 수준으로도 충분하다. 다만 학습 직후 깊은 최면을 유도하고 "이 시간에 학습한 내용을 (3)분 안에 복습하고 잠재의식 속에 요약 정리한다."는 후최면 암시를 하고 복습이 끝난 후에 각성을 위한 암시를 하면 된다.

(2) 이미지 연습에 의한 복습 요령

만일 매우 쉽게 깊은 최면 속으로 들어갈 수 있다면, 이미지 연습(imagination training)을 사용하여 학습한 바를 잠재의식으로 하여금 복습하게 함으로서 시간과 사고 과정을 빠르게 할 수 있다.

빠른 복습(rapid review the lesson)을 위한 후최면 암시는 다음과 같이 한다.

> "나는 이제부터 불과 5분 동안에 1시간 동안에 배운 것을 이미지를 통하여 복습한다. 나의 사고과정은 복습을 하거나 이미지를 떠올리는데 그만큼 빨라진다."
>
> "나는 이제부터 불과 5분 동안에 지금까지 공부한 내용을 복습한다. 이는 실제로는 한 시간이나 걸리는 것이지만 이미지를 통하여 복습한다. 나의 사고과정은 이미지를 떠올리고 복습을 하는데 그만큼 빨라진다."

이렇게 한 시간 동안 학습한 것을 잠재의식으로 하여금 복습시키는 경우에는 시간의 왜곡을 이용하여 강의가 끝난 직후 배운 바를 5분 동안에 잠재의식으로 하여금 복습하게 한다.

그러면 지식의 흡수가 훨씬 양호해지고, 훨씬 많이 생각해낼 수 있게 된다.

그러기 위해서는 공부가 끝난 시점에서 최면 상태 그대로 다음과 같이 후최면 암시를 한다.

"나는 지금 이완된 상태이며 지금까지 내가 배운 바를 잠재의식으로 하여금 복습시킨다. 내가 "어서 하자"는 시작신호를 하면 그 뒤 5분 동안 나의 잠재의식은 내가 배운 모든 것을 상세히 복습한다. 내가 배운 바를 모두 그대로 흡수해준다. 그것도 5분 동안에 잠재의식은 그 지식을 모두 기억하여 내가 생각해 내고 싶을 때는 언제든 생각해낼 수 있다."

이러한 암시를 주고 나서 "어서 하자"라는 실마리 언어를 잠재의식에게 말하고, 다음 5분 동안은 그저 이완된 상태로 있으면 된다.

이 연습을 쌓아가다 보면 잠재의식으로 하여금 복습하는 시간을 더 단축하게 할 수 있다. 3분이라든가 혹은 1분으로 단축할 수도 있다.

하지만 잠재의식이 참으로 복습하고 있는지 아닌지

알 수 없으므로 각성 후에 관념운동의 질문방식을 사용하여 복습했는가 아닌가를 물어본다.

정해진 5분간 안에 완전히 끝낼 수 있었는가 아닌가, 더 시간을 연장시킬 필요가 있는가, 아니면 3분 동안에 할 수 있는가, 1분 동안에도 할 수 있는가 등을 묻고 잠재의식으로부터 얻은 정보는 그 이후의 공부에 응용하도록 하면 된다.

만일 깊은 최면 속으로 들어갈 수 없는 경우에는 보통 사고의 속도로 시각적으로 복습을 할 수 있으나, 그만큼 걸리는 시간은 길어질 것이다.

(3) 상상훈련에 의한 복습 요령

캘리포니아 Monterey Peninsula College 피터 무투케 박사의 "러닝 마인드컨트롤에 의한 독서 이해력 향상에 대한 연구"가 있다.

실험에 참가한 A그룹 94명과, 같은 수의 러닝 마인드컨트롤을 하지 않은 B그룹의 학생과의 비교를 실시했다. A그룹에 속하는 학생이 러닝 마인드컨트롤을 연습하고, 깊은 최면 상태에서 5회의 수업 후에 나타난 읽기의 속도와 이해의 정도는, B그룹의 학생이 20회의 일반적인 수업을 받은 후에 보인 결과와 거의 같았다. 즉 러닝 마인드컨트롤은 읽기의 속도를 4배 이상 빠르게 하였다.

이 테스트에서 특히 재미있는 것은 A그룹에 대해 실시한 이미지 연습 즉, 상상훈련(imagination training)이다. 수업이 끝날 때마다 러닝 마인드컨트롤에 의한 복습을 했는데 이때, "학교에 있다, 수업 중이다, 시험을 치르고 있다"고 암시하고 상상 속에서 복습을 하도록 하였다. 그리고 수업 이외에는 읽는 연습을 하지 않았다.

순간 주의력 즉, 기억 측정 장치로 조사한 바, 가장 크게 진보를 보인 것은 인지 범위(range of recognize)였다.

실험에 참여한 A그룹 학생의 대부분은 최종 골에 도달했지만, B그룹 학생 중에서는 단 몇 사람이었다.

무투케 박사는 그 실험에 대한 결과 "러닝 마인드컨트롤이 가르치며 배우는 과정에 매우 도움이 된다."고 결론지었다.

상상훈련은 스스로 공부할 때에도 적용할 수 있다. 깊은 최면 속에서 지금까지 공부한 것을 복습할 때, "나는 지금 교실에 있다. 시험을 치르고 있다. 시험문제의 답을 쓰고 있다"고 상상하며 그러한 모습을 마음속에 그린다. "교실에서 암송하고 있다. 시험문제의 답을 쓰고 있다."고 마음속으로 생각하는 것이다.

공부하고 있는 내용에 따라서 보다 색다른 방법으로 이미지 연습에 의한 복습을 할 수 있을 것이다.

2) 자면서 공부하는 기술
— 수면복습

수면학습(sleeping learning) 즉, 수면복습(sleeping review the lesson)은 밤에 잠이 들었을 때, 자는 사이에 잠재의식으로 하여금 낮에 학습한 내용을 다시 공부하도록 명령하는 후최면 암시에 의하여 성취될 수 있다.

잠을 자는 사이에 잠재의식은 낮 동안에 공부한 내용을 모두 복습할 것이다. 실제로 일반의식이 깨어있는 상태에서 공부할 때 작용한 것처럼 똑같이 그렇게 복습할 것이다.

아침에 깨어나면 평소와 같이 기분이 상쾌해지고 에너지도 회복되지만 실제로 잠재의식은 온 밤 동안 명령한 바의 것들을 모두 수행한 것이다.

수면복습을 위한 후최면 암시는 다음과 같이 한다.

(1) 후최면 암시 후 자면서 공부하기-1
침대위에서 잠자기 전에 마음을 비우고 심호흡을 3번 한 후 다음과 같이 암시한다.

"자 나는 이제 잠을 잘 것이다. 내가 스물을 세는 동안 잠에 스르르 빠져들게 되고 이윽고 약 2분 안에 자연스럽게 깊은 수면으로 들어간다.

그래서 나는 내일 아침 (이러이러한) 시간까지 깊은 잠을 자게 될 것이다.

나의 자연스런 잠이 계속되는 동안 나의 잠재의식은 오늘 배운 (이러이러한) 학습 내용을 모두 복습한다.

나는 이제 하나에서 스물까지 수를 센다. 하나, 오른 팔이 무겁다. 둘, 왼팔이 무겁다. 셋, 양팔이 아주 무겁다. 넷, 오른팔이 따뜻하다. 다섯, 왼팔이 따뜻하다. 여섯, 양팔이 아주 따뜻하다. 일곱, 눈까풀이 무겁다. 여덟, 졸린다. 아홉, 눈이 감긴다. 열, 눈을 뜰 수 없다. 열하나………"

(2) 후최면 암시 후 자면서 공부하기-2

언제나 잠이 들기 직전에 깊은 심호흡을 한 후 다음과 같이 암시한다. 생각으로…

"내가 스물까지 수를 세면 자동적으로 깊은 최면 속으로 들어간다. 그리고 약 2분 후 자연스럽게 깊은 잠을 자게 된다.

내가 잠자는 동안 깨어 있는 나의 잠재의식은 오늘 공부한 이러이러한 것들을 복습한다. (반복한다.) 내가 잠자는 동안 나의 잠재의식은 오늘 공부한 이러이러한 것들을 복습한다. 하나 둘, 셋….."

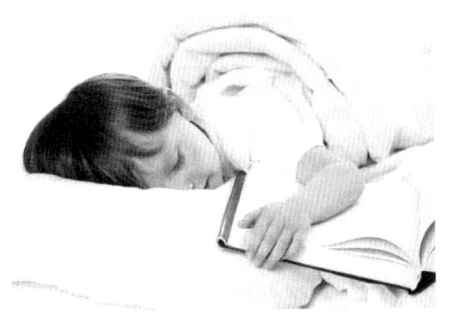

'수면복습'은 학습하는 방법을 공부하는 또 하나의 중요한 공부의 기술이다.

If you Born Poor
it's not your Mistake.
But if you Die poor
it's your Mistake
- Bill Gates

천재가 되는 비밀 공부의 기술 **21**

선명한 기억, 상상력과 시각화의 기술

— 심상, 상상력과 시각화의 요령과 훈련

1) 선명한 기억을 위한 심상의 훈련(Mental Imagery Training)

수천 년을 전해 내려오는 "한 장의 그림이 만 마디의 말보다 낫다"는 말은 사실이다.

기원전 3만 년, 구석기 시대에 그려진 것으로 알려진 Altimira 동굴에 그려진 벽화들은 인류 최초의 것으로 알려져 있는데 특별히 예술성이 뛰어난 작품들로 인정받고 있다. 이 벽화가 그려진 때에는 문자는 물론이고, 언어도 발달되지 않았을 때이다. 이는 인간은 말이나 글보다 그림을 먼저 그렸다는 의미이다. 즉, 인간의 생각은 말이나 글보다, 그림처럼 이미지, 즉 심상으로 먼저 떠오르는 것이다.

그리스어인 "idea"가 "image"에서 파생된 것처럼 떠오르는 이미지의 그림인 심상(心像), 즉 mental image는 인간의 전 역사를 통하여 진화해온 과정의 특징을 나타내고 있다. 따라서 눈을 감고 보는 상상의 생각은 가장 자연스러운 것이며 가장 필연적인 유전현상인 것이다.

언어와 글은 인류 발전의 가장 큰 역할을 했다. 인간은 떠오르는 이미지, 생각을 언어로 표현하고, 글로 나타냈는데, 이는 자연적인 과정이며, 이를 통해 인간은 능력을 크게 발전시켜왔다.

그러나 매우 안타깝게도, 인간은 눈을 감고 이미지를 보는 상상의 능력을 갖고 태어남에도 불구하고, 출생 후부터 언어와 글에 가려져 차츰 그 상상력을 잃어가고 있다. 여섯 살에서 열한 살 사이 어린이들의 그림을 나이 순서대로 살펴보면 나이가 높아질수록 그들의 심상능력, 상상 능력이 점차 사라지고 있는 것을 볼 수 있다.

상상력과 관련한 또 다른 한 예가 있다. 어린이에게 "너의 엄지손가락을 양 눈 사이에 있는 "magical spot"(=상단전, 인당혈, 샤크라) 위에 대고 일곱까지 세었을 때, 너는 아주 재미있는 그림을 보게 된다."라고 암시하면 90%이상의 어린이가 정말로 재미있는 그림을 보게 된다.

여기서 우리는 암시의 "마법의 힘"을 깨닫게 된다. 그런데 흥미로운 것은 이 실험에서 통계적으로 열세 살 이

하의 어린이에게서는 90%가 "눈을 감고 주어진 목표를 보는 것"이 가능하다.

그러나 모든 연령의 여성에서는 50%만이, 모든 연령의 남성에서는 불과 25%만이 그렇게 할 수 있을 뿐이다. 이처럼, 자연적인 심상의 능력은 점차 잃어가고, 어떤 경우에는 완전히 없어져 버렸다.

그러나 러닝 마인드컨트롤의 훈련을 통하여 그러한 자연의 선물인 "심상의 능력(mental imagery)"을 다시 회복할 수가 있음은 물론 그런 능력을 쓸 수 있게 된다. 그러기 위해서는 '선명한 기억력, 가속적인 시간 속에서 학습을 위한 시간의 왜곡과 심리적 환각' 등을 훈련해야 한다.

이런 기술들은 주어진 양의 정보들을 받아들이는데 필요한 시간을 반 이하로 줄이거나, 같은 시간에 두 배 이상의 정보량을 소화할 수 있는 중요한 학습의 도구들이며, 반드시 배워 익혀야 할 것들 가운데 하나이다.

2) 상상력(imagination)의 훈련

 사진을 찍는 것과 같은 선명한 기억은 몇몇 특수한 사람들에게서만 볼 수 있으나, 러닝 마인드컨트롤에 의한 "나는 한 페이지를 두 번만 읽으면 그것을 마음속에 기억할 수 있다."와 같은 암시를 통하여 72살 나이의 사람에서도 "선명한 기억"을 유도할 수 있다. 암시를 통하여 선명한 기억을 유도해 학습의 능력을 높을 수 있다는 사실에 많은 사람들이 놀라워하지만 이는 모든 사람이 태어날 때부터 이미 갖추어져 있는 능력인 것이다.

 이러한 능력을 발휘하기 위해서는 '정신적 상상력, 이를 위한 훈련과 연습'이 필요하다. 예를 들어 "눈을 감고 (어떤) 물체를 본다, 그것을 상상하는 게 아니라 머릿속의 스크린위에 비추어져 있는 것처럼 그것을 생생하게 본다."라는 암시의 말에 비교적 쉽게 반응을 나타내는 사람들이 있는가 하면 그렇지 않은 사람들도 있다. 암시에 쉽게 반응하지 않는 이들은 시각화(mental visualization)를 훈련해야 한다.

3) 시각화(visualization)의 훈련

마음속으로 어떤 목표나 물체를 보는 시각화의 기술을 습득하려면 그것을 마음속 내부에 있는 화면(mental internal screen) 위에 비춰지도록 다음과 같이 훈련한다.

"나는 5분 동안 깊은 최면 속에 있을 것이며, 이러이러한 물체를 나의 마음 속 화면 위에 분명히 아주 선명하게 비추어 볼 수 있게 된다. 나의 잠재의식은 지금 최고조에 있다."

청사진 훈련(natural colored print training)으로 목표하는 물체를 보게 되면 이러한 청사진 능력을 더욱 강화해나가야 한다. 다음과 같이 암시 한다.

"나는 (몇) 분 동안 깊은 최면 속에 있을 것이며 (이러이러한 물체)를 마음속 내부의 화면위에 비추어 볼 수 있게 된다. 나의 잠재의식의 활동은 최고조에 있다.

"시작"이라고 말하면 내가 보기를 원하는 (그) 물체가 점차 분명하게 아주 선명하게 보인다. 나는 깊은 최면 속에 있다. 지금 나의 잠재의식의 활성은 최고조에 달해있다."

이렇게 암시한 후 '실마리 언어'를 사용하고 다음과 같이 자연스럽게 하나에서 스물까지 수를 센다.

"시작" 하나, (그) 물체가 아주 선명하게 분명하게 보인다. 둘, 아주 선명하게. 셋, 아주 분명히. 넷, 잘 보인다. 다섯…… 열여덟 물체가 잘 보인다. 열아홉 잘 보인다. 아주 선명하고 분명히. 스물.

이는 초기 훈련을 예를 든 것이며, 무엇이든 마음속에서 확실히 보일 때까지 연습이 필요하다. 다음과 같이 한다.

"나는 5분 동안, (무엇인가)를 볼 때까지 깊은 최면 속에 있을 것이다.
 나의 잠재의식의 활동으로 그것이 분명히 아주 선명하게 보이게 되고, 그렇게 되면 나는 아주 기분 좋게 깨어난다.
 어떤 확실한 목표, 색깔, 무엇이든지, 확실치 않은 얼룩진 색깔일지라도 보고 싶을 때는 다 보이게 된다. 하나, 둘, 셋."
"나는 칠판을 본다. 텔레비전을 본다. 우체부를 본다. 우유배달 소년을 본다. 나는 이모를, 교수님을, 나의 친구를, 나의 여자/ 남자친구를, 축구코치를, … 본다."
"나는 이러이러한 사람을 본다. 나는 A or … Z 글자를 본다. 나는 어떤 두 자로 된 글자를 본다. 나는 이러이러한 글자를 본다."

4) 선명한 기억의 훈련

신문을 들고 헤드라인을 몇 분 동안 바라본 후 다음과 같이 연습한다.

"제목의 처음 두 글자를 본다. 제목을 본다. 제목을 본다."

필요하면 신문의 그림을 다시 본 후에 연습을 계속한다.

"신문에 있던 그림을 본다. 그 그림을 본다. 그림을 본다."

이번에는 책을 들고 제목이 있는 페이지를 본 후 연습한다.

"책의 제목이 있는 페이지를 본다. 그 페이지를 본다. 페이지를 본다."

이번에는 책의 한 문단(paragraph)을 두세 번 읽은 후 다음 요령으로 연습한다.

"문단의 첫 줄의 앞 절반을 본다."
"문단의 첫 줄의 뒤 절반을 본다."
"문단의 첫 줄을 본다."
"문단의 첫째 줄을 본다. 둘째 줄을 본다. 셋째 줄을 본다.

넷째 줄."(그림 21-1)

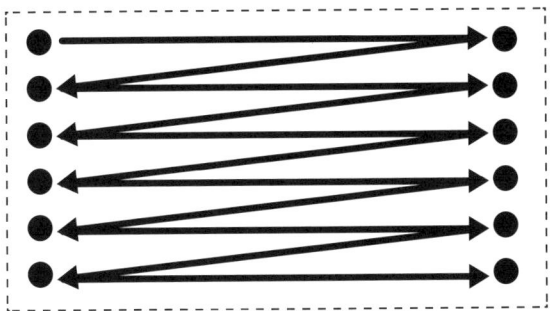

그림 21-1. 지그재그 속독 훈련법

"문단의 절반을 본다. 문단의 절반을 본다."

"문단의 전체를 본다. 문단의 전체를 본다. 문단의 전체를 본다."(그림 21-2)

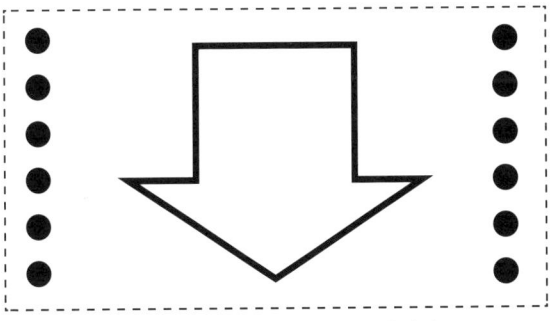

그림 21-2. 위에서 아래로 속독 훈련법

이번에는 책의 표를 또는 문단을 몇 초 동안 살펴본 후에 다음과 같이 한다.

"(이러이러한) 표를 본다."
"(이러이러한) 문단을 본다."

이렇게 하여 전 문단을 볼 수 있게 되면 두 문단의 연습을 하고, 매일매일 헤드라인에 대한, 그래프에 대한, 그림에 대한 상상훈련(imagination training)을 계속하고, 또 다른 책들을 가지고 연습을 계속하면 여러분의 "마음의 눈(mental eyes)"이 드디어 열리게 된다. 아주 예리한 마음의 눈이 열리게 된다.

이러한 암시를 사용한다.

"나는 한번 책을 읽으면 그 내용을 모두 기억한다. 모두 기억한다."

이러한 훈련으로 여러분은 이제 쉽게, 매우 쉽게, 시험 볼 때에 이미 마음속에 필요한 내용들이 모두 복사되어 있기 때문에 책이라든가 여러 교과서로부터 필요한 내용과 그림과 표들을 불러와 볼 수 있게 된다. Walt Disney와 같은 'Fantasia'를 소유하게 된 것이다.

Walter Elias Disney

5) 연습(Exercise)과 훈련(Training)

'연습'과 '훈련'은 학습하는 방법을 공부하는데 있어서 선명한 기억과 상상력 그리고 시각화의 능력을 향상시키는 아주 중요한 포인트이다.

공부를 하는데 있어서 연습과 훈련을 같은 개념으로 생각하는 예가 흔하지만 이 둘의 차이를 분명히 하는 것이 필요하다.

왜냐하면 정확한 목표를 세우는데 있어서 프로그램 자체가 완전히 달라지기 때문이다.

① 연습(Exercise)은 기억, 상상과 시각화의 실제 상황을 재현하는 과정을 반복적으로 되풀이하는 것이다. 즉 시험이나 면접과 같은 평가에서 있을 수 있는 실제 상황을 반복적으로 되풀이하여 일어날 수 있는, 예상되는 일들을 강화시켜 시험이나 면접 등의 평가에서 가장 중요하게 작용하는 요인을 집중적으로 보완하기 위한 것이다.

② 훈련(Training)은 학습자가 선명한 기억력과 상상력 그리고 시각화의 능력을 효과적으로 잘 발휘할 수 있게 하는 기술적, 정신적 등등의 모든 측면의 반복적인 노력을 말한다. 공부를 위하여 영양가 있는 음식의 섭취와 체력 향상 등 자신을 강화시키는 노력도 이의 하나이다.

예를 들어 박태환 수영선수가 런던 올림픽 금메달을 획득하기 위해 가장 많이 한 것은 이미지 훈련과 명상이었다.

역도선수 장미란도 런던 올림픽에서 금메달을 획득하기 위해 요가를 통해 몸의 유연성과 균형을 잡는 훈련은 물론 금메달 획득의 이미지 훈련과 명상을 열심히 하였다.

위에서 제시한 기억력과 상상력 그리고 시각화의 능력을 높이기 위한 훈련을 충분히 하고, 기억력과 상상력 그리고 시각화의 실제적인 연습에 노력을 기울이면 어느 순간에 필요한 능력을 얻게 될 것이다.

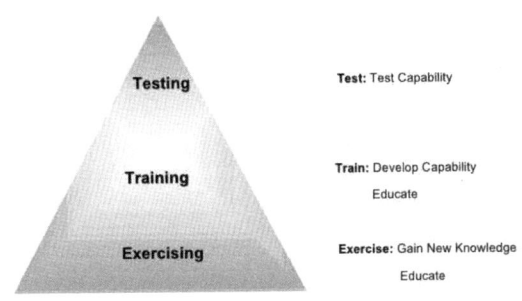

그림 21-3. 연습은 예상되는 실제상황의 되풀이이고, 훈련은 능력을 발휘할 수 있도록 기술적, 정신적 노력을 반복하는 것이다.

천재가 되는 비밀 공부의 기술 22

시간의 왜곡현상을 이용하는 기술

— 시간의 왜곡현상의 이용과
시험을 위한 러닝 마인드컨트롤의 요령

1) 생활 속의 시간의 왜곡현상

시간의 왜곡(歪曲, time distortion)이란 재미있는 일은 빨리 지나가고, 고달프고 힘든 일이나 기다리는 시간은 더욱 길게 느껴지는 것과 같은 현상을 말한다. 즉 절대적 시간에는 변함이 없으나 어떤 일에 대해 상대적으로 시간이 길거나 또는 짧게 느껴지는 것을 말한다.

이는 쿠퍼(R. Cooper) 박사가 시간의 왜곡현상에 대해 학술적인 기사를 씀으로서 처음으로 알려졌다.

시간이 왜곡된 것처럼 느껴지는 일은 의식의 세계에서도 흔히 있는 일이다. 익사 직전에 구조 받은 사람들이 그 짧은 순간에 과거의 긴 경험을 영화를 보듯 떠올렸다는 보고가 있다. 어떤 일에 대해 몹시 지겨움을 느낄 때나, 이제나 저제나 하고 무엇을 기다리고 있을 때에는 시간이 매우 느리게 가는 것처럼 느껴진다. 반대로 뭔가 재미있는 일에 열중해 있을 때에는 시간이 매우 빠르게 지나간다.

이처럼 의식의 인식에 따라 시간은 길게도 짧게도 되는 것이다.

2) 후최면 암시에 의한 시간의 왜곡

잠재의식은 매우 정확한 기록 시계 즉, 알람 기능(alarm function)을 갖고 있다. 아침에 일어나는 시간을 일정하게 하고자 할 경우, 잠재의식에 그 시각을 각인시키기만 하면, 아무리 이른 시간에라도 그 시간에 항상 일정하게 눈을 뜨는 것이 가능하다.

깊은 최면 속에서는 시간을 극단적으로 왜곡시킬 수가 있다. 이것은 러닝 마인드컨트롤 중에도 가능하고 또 "후최면 암시(post mind control suggestion)"에 의해 각성한 후에도 일어날 수 있다.

쿠퍼 박사에 의하면, 깊은 최면 속으로 들어가 있는 피험자에게 메트로놈(metronome)이 1분에 1번씩 울리도록 고정시켜 놓았다고 알린 다음, 두뇌적인 일이라든가 몸을 사용하는 일을 시켰다.

그것을 10분 동안에, 즉 메트로놈이 10번 울리는 동안에 하라고 지시했는데, 피험자는 그것을 해냈다. 그러나 사실은 메트로놈은 1초에 1번 울리도록 고정되어 있었으므로 실제로 일을 한 시간은 60분의 1인 10초이었으며, 놀라운 것은 이 짧은 시간에 일을 해냈다는 사실과 피험자에게는 시간이 1/60로 단축되어 있었던 셈이라는 것이다.

전문가들만 모이는 한 강습소에서 강습을 받은 어느 정신의학자가 10살의 자기 아들을 피험자로 실험을 행하였다.

깊은 최면 속으로 들어간 아이에게 그는 며칠 전에 부자(父子)가 함께 본 영화를 10분 동안에 다시 보라고 말했다. 그러자 그 아이는 오른 손을 급히 얼굴로 갖고 가는가 하면 팔 전체를 떠는 듯했는데, 그 동작을 빠르게 반복(repetition)하는 것이었다. 무슨 일인가 의아했지만 아이가 수 분 뒤에 깨어날 때까지 그 정신의학자는 아무 말도 하지 않았다.

아이가 깨어난 후 그처럼 빨리 손을 얼굴 쪽으로 가지고 간 이유가 무엇이었느냐고 묻자 아이는 '아, 그거요? 그때 나는 극장에서 팝콘을 먹고 있었잖아요?'라고 대답하였다.

아이는 2시간 동안에 본 그 영화를 깊은 잠재의식 속에서 10분 동안에 다시 보는 '시간의 왜곡'이 일어나고 있었던 것이다.

깊은 최면 속으로 잘 들어가는 피험자라면 시간의 왜곡은 간단히 일으킬 수 있다. 어린이는 마인드컨트롤의 아주 좋은 피험자이기 때문에 아주 쉽게 시간을 왜곡시킬 수가 있다.

3) 시간의 왜곡현상을 생활에 이용하는 기술

심포지엄의 강사로, 의사로 활동하면서 동시에 피아니스트로 콘서트를 통해 많은 활동하고 있는 한 사람이 있다.

그는 매일 아침 5시에 일어나 2시간씩 피아노 연습을 한다. 때로 시간이 없을 때에는 셀프 마인드컨트롤을 즐겨하곤 한다. 그럴 때 그는 시간의 왜곡을 이용하여 머릿속으로 단 몇 분 동안 피아노 상상연습(imaginary training)을 한다. 그 몇 분 동안의 상상연주(imaginary performance)는 실제로 2시간 동안 연습한 것과 같은 효과를 내는 것이다. 그는 시간의 왜곡현상을 아주 잘 이용하는 사람 중의 하나이다.

피겨 국가대표 선수였던 김연아도 실제로 필요한 시간의 몇 십 분의 일 동안에 상상연습을 함으로써 실제로 연습한 것과 같은 효과를 얻고자 하였다. 수영선수 박태

환도, 역도선수 장미란도 모두 이와 같은 훈련을 하였다.
 이처럼 시간의 왜곡현상은 짧은 시간에 잠재의식을 통한 상상훈련에 이용할 수 있다. 연습시간이 부족하거나 실전에 임박하여 짧은 시간의 상상훈련은 축구, 야구, 골프, 태권도, 유도, 권투 등의 모든 운동경기를 망라하여 이용되고 있다.

"I really had a lot of dreams
when I was a kid, and I think a great deal
of that grew out of the fact that I had a
chance to read a lot"
- Bill Gates

4) 시간의 왜곡현상을 복습에 이용하는 기술

 학생들은 학습현장에서 시간의 왜곡현상을 연습이나 복습(review)에서 이용할 수가 있다. 깊은 최면 속에서, 지난 2시간의 강의 시간에 학습 또는 연습했던 내용을 아주 짧은 시간에 복습하는 것이다. 다음과 같이 암시하면 된다.
 "나는 2시간 동안 공부한 내용을 5분 동안에 다시 복습한다. 자 시작"

러닝 마인드컨트롤을 배우지 않은 어느 누가 이렇게 할 수 있는가? 학생들이 공부의 기술인 러닝 마인드컨트롤을 배워 사용할 수 있다면, "공부하는 마법의 지팡이(mesic stick)"를 가진 "공부 기술자(learning technician)"가 되는 셈이다.

복습은 학습 직후의 복습과 하루를 마감하는 잠들기 직전의 복습, 그리고 일정한 기간 후의 복습으로 말할 수 있는데, 이들 중 학습 직후의 복습이 매우 중요하다.

모든 일에는 마무리가 중요하듯, 복습은 학습과정에서의 마무리에 속한다.

(1) 시간의 왜곡현상을 학습 직후의 복습에 이용하는 요령

학습 직후의 복습은 기억력을 높고 길게 유지해주는 매우 중요한 공부의 기술이다. 수업이 끝난 직후에 다음과 같이 한다.

> "지금까지 공부한 내용을 5분 동안에 복습한다. 나의 잠재의식은 공부한 내용을 모두 기억할 것이며 요점만을 정리하여 특히 잘 기억할 것이다. 내가 '시작'이라고 하면 복습을 시작한다. '시작' … (5분 후) 셋을 세면 깨어난다. 하나, 둘, 셋!"

(2) 시간의 왜곡현상을 잠들기 직전의 복습에 이용하는 요령

하루를 마감하고 잠들기 직전의 복습은 수면최면을 유도하는 암시와 함께 한다.

> "오늘 공부한 (이러이러한) 내용을 10분 동안에 복습한다. 복습이 끝나면 자동적으로 깊은 잠에 **빠진다**. 자는 동안 피로물질들은 다 분해되어 버리므로 일어나는 순간 몸이 가뿐하고 힘이 넘친다. 내가 '시작'이라고 하면 복습을 시작한다. 시작."

(3) 시간의 왜곡현상을 일정기간 후의 복습에 이용하는 요령

일정한 기간 후의 복습은 다음과 같이 한다.

> "이제까지 공부한 (이러이러한) 내용을 30분 동안에 복습한다. 나의 잠재의식은 공부한 내용을 요점 정리하여 잘 기억할 것이다. 내가 '시작'이라고 하면 (이러이러한 내용의) 복습을 시작한다. '시작' … (30분 후) 셋을 세면 깨어난다. 하나, 둘, 셋!"

> "이제까지 공부한 (이러이러한) 내용을 30분 동안에 복습한다. 복습이 끝나면 자동적으로 깊은 잠에 **빠진다**. 자는 동안 피로물질들은 다 분해되어 버리므로 일어나는 순간 몸이 가뿐하고 힘이 넘친다. 내가 '시작'이라고 하면 복습을 시작한다. 시작."

천재가 되는 비밀 공부의 기술 23
시험과 면접을 위한 후최면 암시의 기술

— 시험과 면접에서 후최면 암시의 이용

이는 시험을 준비하는 경우가 아니고 시험장 또는 면접장에 들어섰을 때 또는, 시험이나 면접을 볼 때를 위한 러닝 마인드컨트롤이다.

시험공부를 많이 하고 또 대비를 철저히 한 수험생일지라도 시험이나 면접에 대한 두려움과 공포 때문에 실제의 시험이나 면접에서는 실망하는 수가 많다.

모르는 것은 어찌할 수 없지만 아는 내용을 모두 활용할 수 있다면 그보다 더 좋은 것은 없을 것이다.

우리의 목표는 바로 이점에 있다.

우리가 갖고 있는 어려움들은 모두 러닝 마인드컨트롤에 의하여 해결할 수 있다.

여러분은 이제 후최면 암시 후에 시험(면접)을 볼 수도 있고, 깊은 최면 속에서도 평상시와 다름없이 행동하며 시험(면접)을 볼 수 있기 때문이다.

여러분은 어떤 문제라도 해결할 수 있는 능력과 기술을 갖게 될 것이며 필요한 때에 이를 사용할 의지만 있으면 된다. 시험장(면접장)에서 하는 컨트롤의 요령은 다음과 같다.

1) 시험장이나 면접장으로 출발하기 직전의 후최면 암시의 요령

순간적으로 깊은 최면 속으로 들어가는 유도를 한다. 그리고 다음과 같이 암시한다.

"… 나는 ( )분/시간 후에는 (영어 혹은 수학) 시험 또는 (입사 혹은 채용) 면접을 본다. 나는 당황하지 않고 편안한 마음으로 시험 혹은 면접에 응시한다. 나의 잠재의식이 내가 알고 있는 모두를 총 동원하여 가장 알맞은 답안을 만들고 내가 아는 바를 아주 간결하게 표현할 수 있게 해주기 때문이다. 나는 시험 혹은 면접을 보는 것이 즐겁다. 아주 기분이 좋다. 상쾌하다. 내가 셋을 세고 '어서하자'라고 말하면 내가 시험장 혹은 면접장에 도착할 때 까지 ( )분/시간 동안 나의 잠재의식이 그동안에 공부한 모든 것을 복습한다. 아주 빠르고 신속하게 그리고 정확하게, 일목요연하게 정리한다. 하나, 둘, 셋, 어서하자"

2) 시험장이나 면접장에서 시험/ 면접 직전의 후최면 암시의 요령

순간적으로 깊은 최면 속으로 들어가는 유도를 한다. 그리고 다음과 같이 암시한다.

"… 나는 깊은 최면 속에서 시험/면접을 보면 평소보다 더 잘 할 수 있다. 이완되고 집중력이 증가되기 때문이다.

이완되면서 나의 머리는 매우 빨리 회전한다. 나에게는 시험/ 면접을 보고 있으면서 무기력해지는 일이 전혀 없다.

    기분이 아주 좋고 나의 머릿속은 맑고 시원하다. 시험문제를 읽고 있는 내 눈의 움직임은 **빠르며** 답안을 써 나가는 내 손의 움직임도 **빠르다**.

    물음에 대답할 때에도 빠르고 정확하며 간결하게, 그리고 분명하게 한다. 나의 잠재의식이 내가 공부한 내용 속에서 가장 중요한 것만을 골라내 주기 때문이다.

    내가 쓰고/말하고 있는 것은 시험/면접에 큰 도움이 되는 아주 중요한 것들뿐이다. 잠재의식 속에서 시험/면접을 보고 답을 작성/대답할 때 나의 뇌의 활동은 최고조에 이른다.

    그래서 지금까지 공부/대비한 모든 내용이 기억날 것이

고, 내가 답안/대답을 작성/계획할 때 가장 필요한 내용만을 요점 정리하여 쓸/말할 것이다. 나의 잠재의식은 이 모든 것을 도와주기 때문이다."

시험장이나 면접장으로 출발하기 전 날에도 위의 암시를 모두 연습할 수 있다. 또 시험장이나 면접장으로 출발하기 직전이나 시험이나 면접 직전에 이를 능숙하게 할 수 있도록 마인드컨트롤 기술과 암시의 요령을 숙지하고 이를 능숙하게 할 수 있게 숙달해야 한다.

암시는 소리를 내어도 되지만 생각으로 하도록 한다. 세상에서 가장 **빠른** 것이 생각이다.

천재가 되는 비밀 **공부의 기술** 24

부록

1) 암시(suggestion)

 암시는 하나의 관념을 무비판적으로 받아 들여 믿거나 그대로 행동하게 하는 과정이다.
 그러므로 암시는 항상 "바람직한 것"이어야 한다. 이는 마인드컨트롤러가 항상 지녀야할 행동 강령이며 지켜야할 의무이다.
 스스로에게는 생각으로 하지만 소리 내어 해도 된다. 다른 사람에게 할 때에는 보통 소리 내어 말을 하게 되지만 반드시 그런 것만은 아니다. 수련 정도에 따라서 눈빛으로, 손짓으로, 생각으로도 할 수 있다.
 세상에서 가장 **빠**른 것은 생각이다. 생각은 마음이며 이는 바로 잠재의식(潛在意識, sub-conscious mind)이다. 기회가 있을 때마다 소원과 희망을 스스로에게 암시한다. 간절한 기도를 할 때도 잠재의식이 작동한다.

2) 간뇌를 계발하자

간뇌(間腦)는 감각 자극의 고속처리를 하는 곳이다. 즉 감각 기관을 통하여 들어온 정보를 분류하고 분석한 결과를 대뇌 피질의 해당 부위로 옮기고 되돌아오는 데이터를 다음 단계의 분석을 위해 재조립한다.

간뇌의 정보 처리 속도는 좌뇌(左腦)나 우뇌(右腦)에 비하여 약 80,000배 가량 빠른데 의식이 처리할 수 있는 정보량은 126비트/초, 강의를 들을 때는 60비트/초, 다른 사람의 말을 들을 때는 40비트/초이지만 실제로 우리의 감각은 1,000만 비트/초까지 수용할 수 있다.

이러한 간뇌의 능력으로 1) 에너지의 생성과 활용, 2) 초감각 능력 즉 육감, 3) 영감, 4) 예지, 5) 예견, 6) 초상상력, 7) 텔레파시 능력, 8) 시공을 초월한 투시능력 (천의통, 천안통, 천이통, 신족통, 타심통, 숙명통, 누진통 등의 칠신통七神通) 등이 있다.

칠신통(七神通)은 깊은 수련을 통하여 얻어지는 심오한 경지의 시공을 초월 7가지의 능력으로 아래와 같다.

① 천의통(天醫通) - 질병을 치유하는 능력

② 천안통(天眼通) - 시공을 초월한 투시의 능력

③ 천이통(天耳通) - 텔레파시를 감지하고 교신을 할 수 있는 능력

④ 신족통(神足通) - 빠른 속도로 목적지에 도착하는 축지(縮地)의 능력

⑤ 타심통(他心通) - 타인의 생각과 마음을 읽어 내는 능력

⑥ 숙명통(宿命通) - 전생, 현생, 후생을 알수 있는 능력

⑦ 누진통(漏盡通) - 모든 이치에 통달하여 욕심과 번뇌로부터 해방되는 능력

3) 셀프 마인드컨트롤을 생활화하자

생각은 5차원을 넘나드는 통신이다. 생각은 마음이며 이는 바로 잠재의식(潛在意識, sub-conscious mind)이다. 우리의 몸과 마음을 지배하는 잠재의식에게 다음과 같이 암시하자.

① 기회가 있을 때마다 소원과 희망을 스스로에게 암시한다.
"나는 즐겁다. 나는 건강하다. 나는 **빠른** 속도로 읽을 수 있다."

② 점심 후 졸음이 올 때, relax될 때 잠재의식이 작동한다. 암시한다.
③ 간절한 기도를 할 때도 잠재의식이 작동한다.
④ 운전하기 전 핸들을 잡고, 눈을 감고 심호흡을 3번한 후 암시한다.
"나는 교통법규를 잘 지키며 빨간 신호에 확실히 정지하고 안전하게 운전한다."
⑤ 수시로 상처나 아픈 부위에 손을 대고 "빨리 낫는다."고 암시한다. 항상 지병과 고통을 덜어내는 암시를 한다.
"내게서 00증세가 사라지며 고통이 없어진다."
⑥ 모든 것은 마음가짐에 달렸다. 생각은 마음이요 의지이며 믿음이고 이것이 곧 잠재의식이다.
⑦ 매일매일 잠들기 전에 다음과 같이 암시한다.
"나의 전 신체조직, 신경조직과 호르몬 조직이 잘 작동되고 분비되어 나는 매일매일 건강해 진다"

4) 부탁의 말씀

공부의 기술 강좌를 학습하는 이들은 누구나 다음과 같은 약속을 하셔야 합니다.

① 항상 좋은 생각을 하세요.
② 항상 좋은 말만을 하세요.
③ 항상 좋은 행동을 하세요.

공부의 기술을 학습한 여러분은 이제 유능한 learning mind controller입니다. Learning mind controller는 extraordinary person이며 almighty person입니다. 이제부터는 무엇이든 여러분이 하는 말대로 모두 이루어지게 되니까요.

천재교육연구소 USA

참고문헌

1. 이강일, 새로운 최면학-자기최면-, 최면의과대학교. 2002.
2. 이강일, 새로운 최면학-타인최면-, 최면의과대학교. 2002.
3. 이강일, 새로운 최면학-치료최면-, 최면의과대학교. 2002.
4. 이강일, 최면치료학, 최면의과대학교. 2002.
5. 이강일, 임상치료학, 최면의과대학교. 2002
6. 이강일, 최면의학, 최면의과대학교. 2003.
7. Kroger, W. Clinical and experimental hypnosis, Lippincott company. 1963.
8. 정순근, 초염력의 세계, 인쇄골, 서울. 2003.
9. Clement, P. Hypnosis and power learning, Westwood publishing co. 1979.
10. Keith, J. Mind control, world control, Adventures Unlimited Press. 1998.
11. Lecron, L. Self hypnosis, Prentice-Hall Inc. 1971.
12. 김정언, 파워셀프 마인드컨트롤, 캘리포니아 마인드컨트롤센터. 2007.
13. 김정언, 파워아더 마인드컨트롤, 캘리포니아 마인드컨트롤센터. 2007.
14. 김정언, 파워힐링 마인드컨트롤, 캘리포니아 마인드컨트롤센터. 2007.
15. 김정언, 생활최면, 생활최면연구소. 2005.
16. 김정언, 최면치유요람, 생활최면연구소. 2005.

저자 : 김정언(雅號 泰暻)

이학박사(Ph D), 최면의학박사(Ed D), 전 한서대학교 교수, 전 한국생태학회 이사.
International Medical Hypnotherapist, IMHT 503-289
International Medical Hypnocounselor, IMHC 503-289
Medical Mind Control Specialist, MMCS 2015-001
California Licensed Acupuncturist, AC 9090
Academic Dean/ Professor of Kyung San University USA
Academic Dean/Professor of California Trinity University
Academic Dean/ Professor of Lord Land University
Vice President of NAKAMA, USA
President of Kim's Miracle Acupuncture Clinic
President of Kim's Medical Mind Control Clinic
Director of Institute of Genius Education

저자 김정언 박사(이학박사, 최면의학박사)는 1947년 익산에서 출생했고, 경북대 생물교육과와 원광대 교육대학원 생물교육과를 졸업하였으며, 중앙대 대학원에서 이학박사 학위를 취득했다.
한국 생태계 전국 조사위원으로 활동하였으며, 원광보건대와 한서대에서 강의하며 30여 편의 연구논문과 전문서적을 저술했다. 대표적인 저서로는 『지리산의 식생』(1992년), 『전라북도의 자연환경』(1996년)과 『한국의 신갈나무 숲』(2000년) 등이 있다.
1998년 도미 후 Kyung San University(미국 경산한의과대학교) 학장, 재미한의사 총연합회 부회장을 역임하였으며, Lordland University에서 최면의학박사 학위를 취득했다. 현재는 Lordland University 교수로서 후진 양성에 힘쓰고 있으며, 캘리포니아 한의사와 마음치료 전문의로서 활동하고 있다. 오바마대통령 봉사상 금상(2011)을 수상했고 로스앤젤리스시의회 의장의 감사장(2013)을 받았다.

Phone: (213) 500-4813(Los Angeles, USA)
E-mail: Acupunctureusa4u@yahoo.co.kr

지혜학술총서 003
천재가 되는 비밀
공부의 기술

발행 : 천재교육연구소 USA
Tel : 213-500-4813
Fax : 213-389-3153
$30.oo
ⓒ Copyright 2016 by Jeong U Kim, Ph. D & Ed. D, California, USA,
all rights reserved.

펴낸 곳 : 도서출판 지혜   펴낸이 : 반송림
지은이 : 김정언 | 이학박사, 최면의학박사
2016년 6월 20일 초판 인쇄
2016년 6월 20일 초판 발행
Tel : 042-625-1140   Fax : 042-627-1140
ISBN : 979-11-5728-192-3 94180
ISBN : 979-11-5728-190-9 94180 (set)

값 : 30,000원